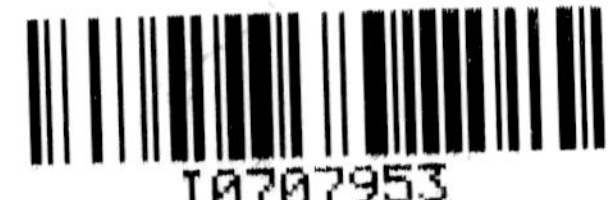

MANDALA

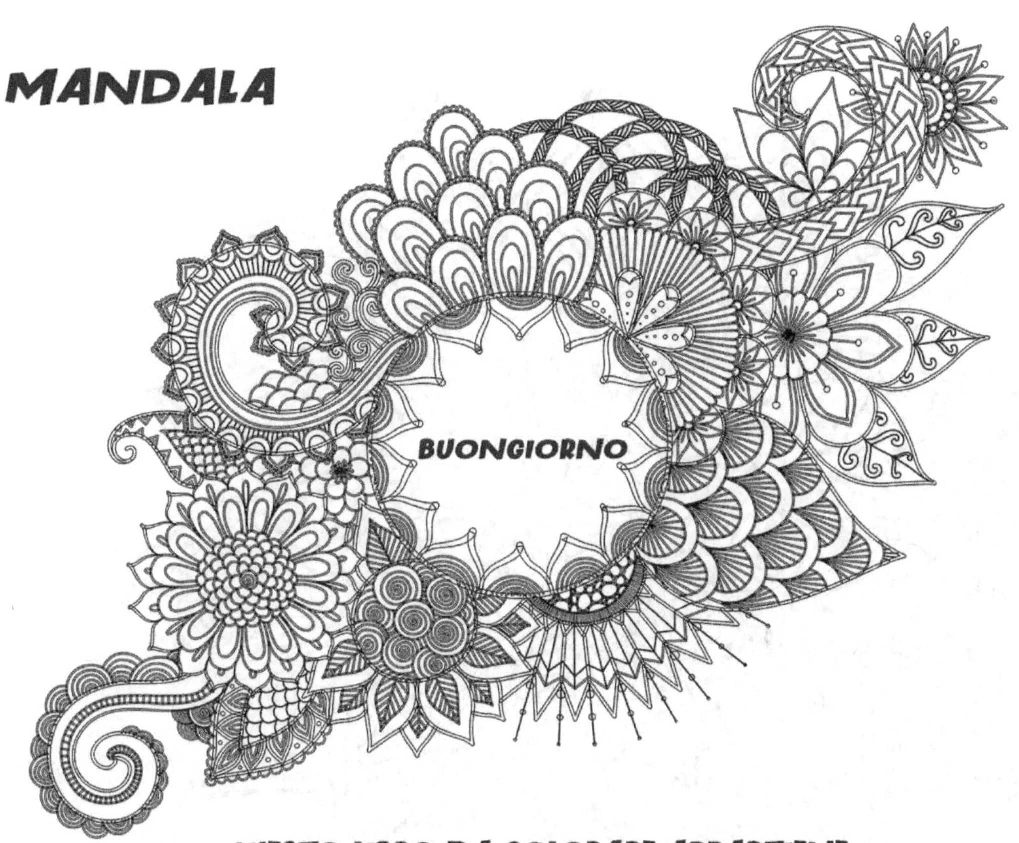

QUESTO LIBRO DA COLORARE APPARTIENE

....

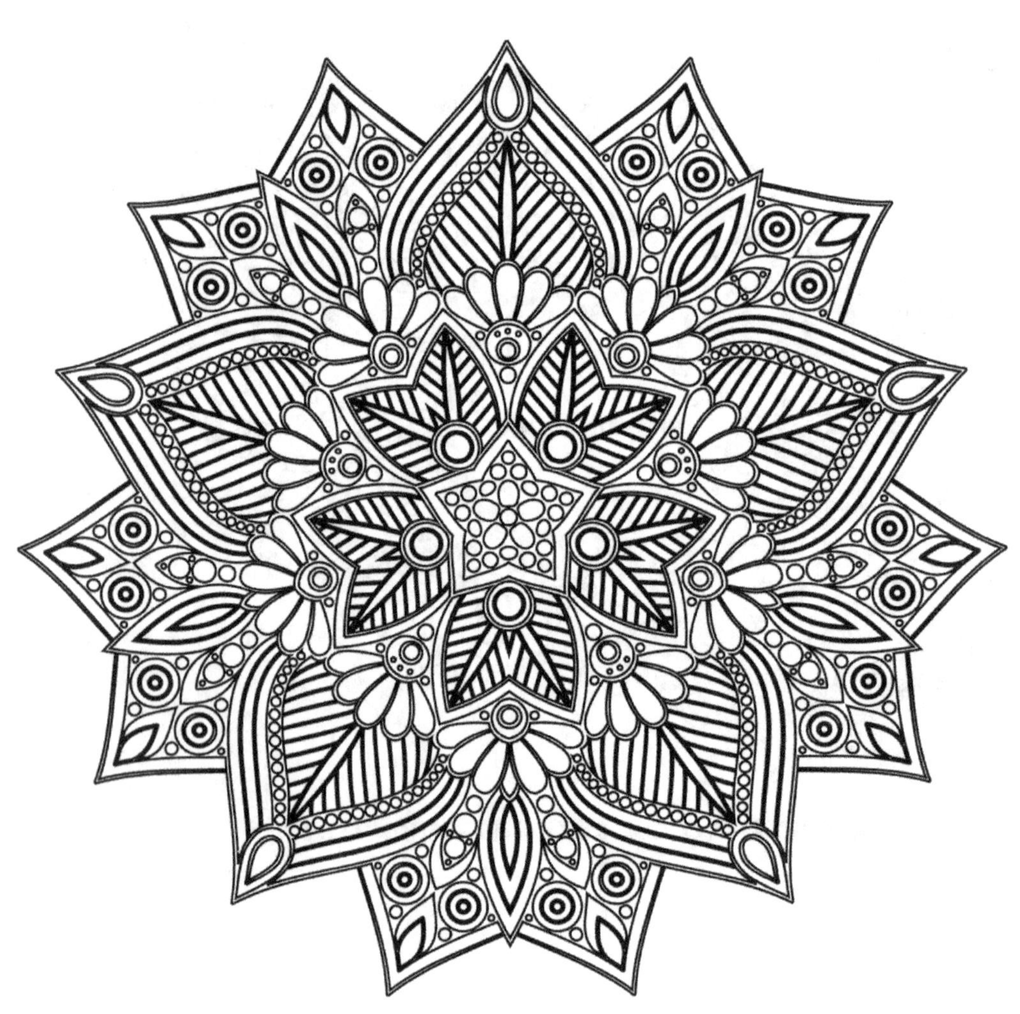

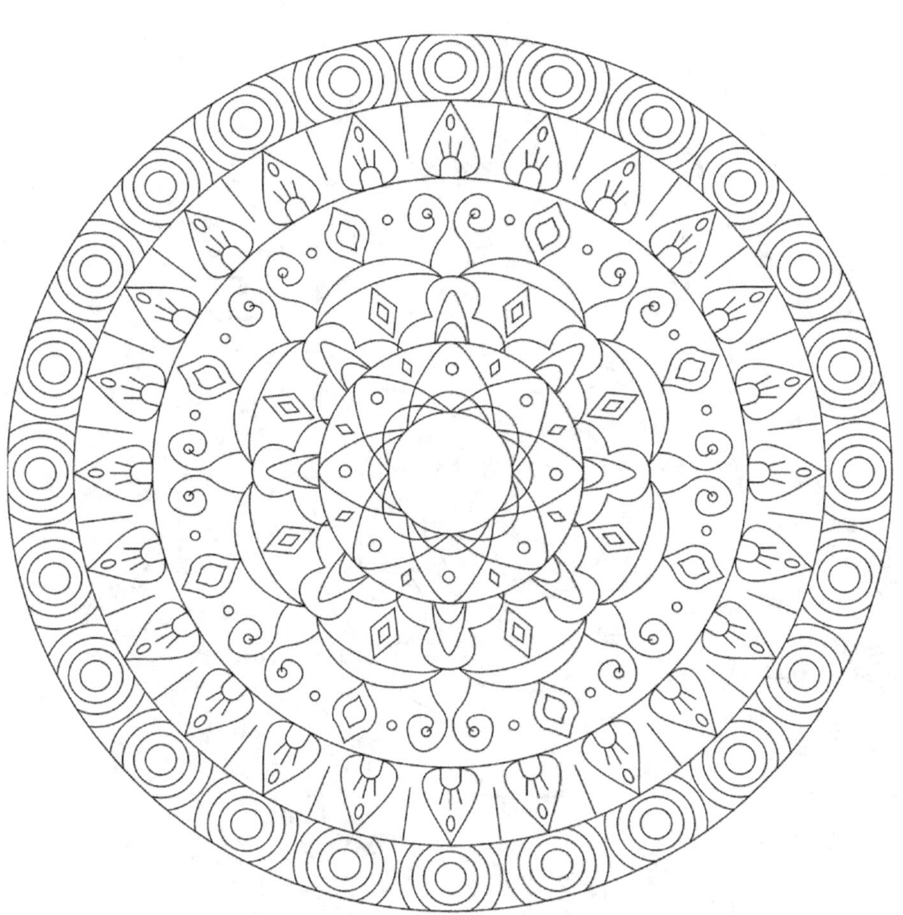

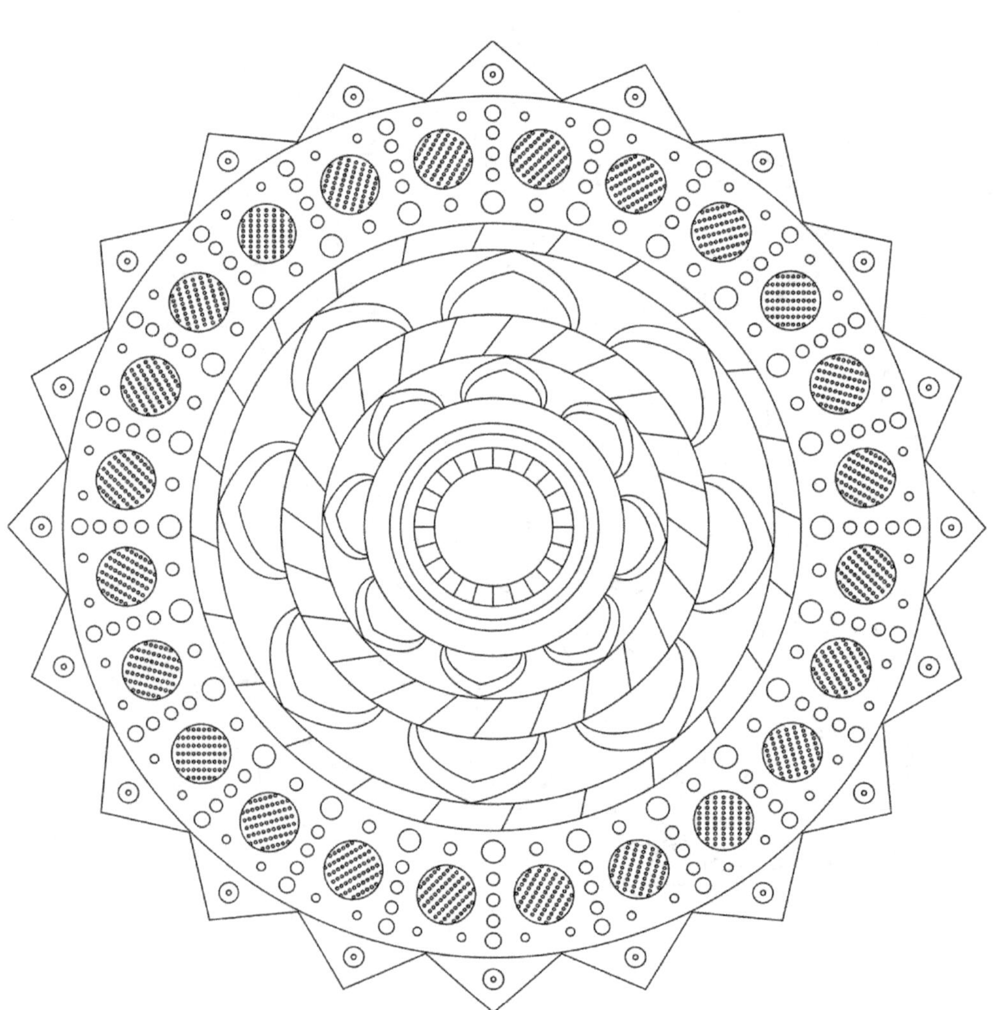

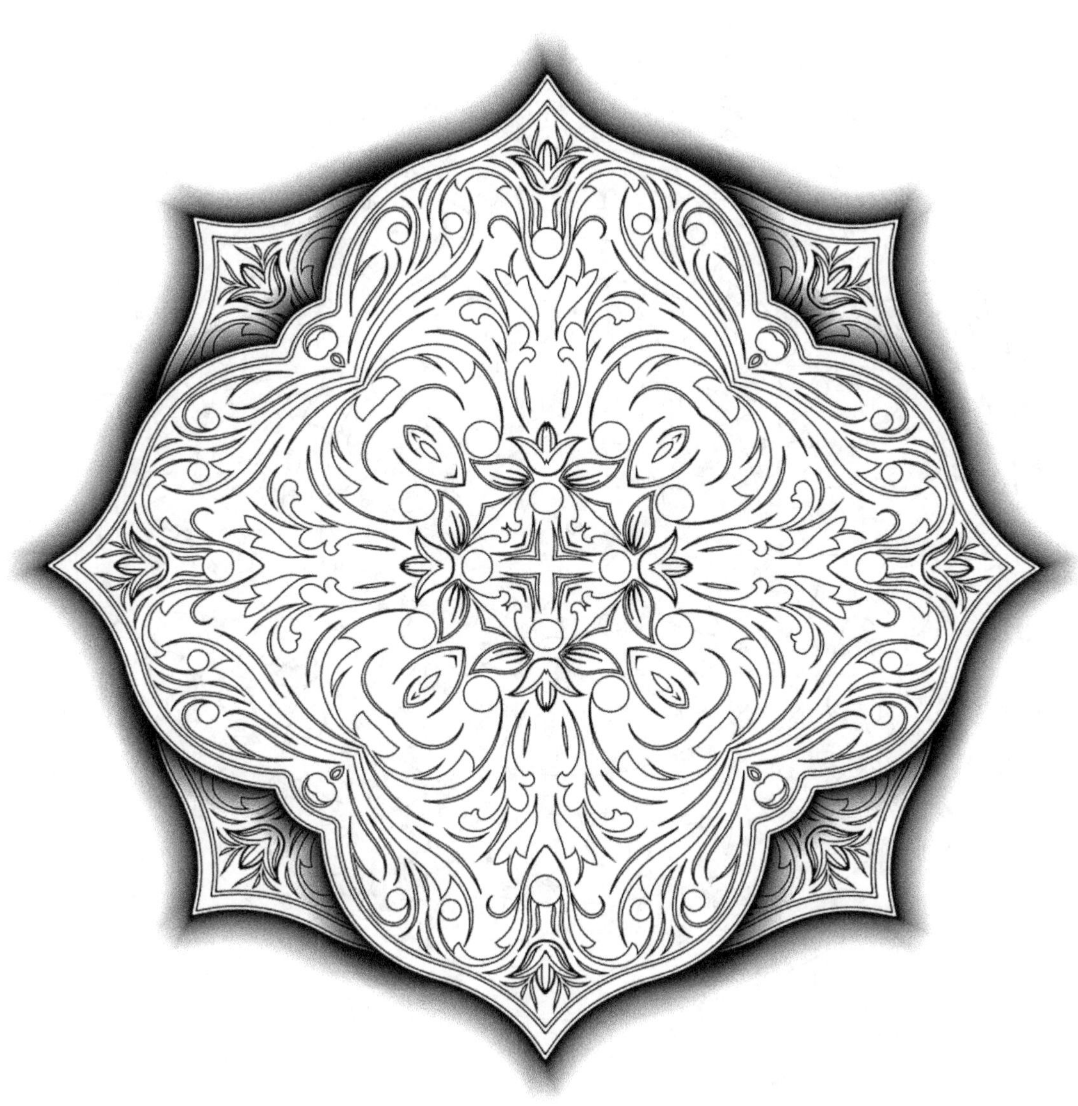

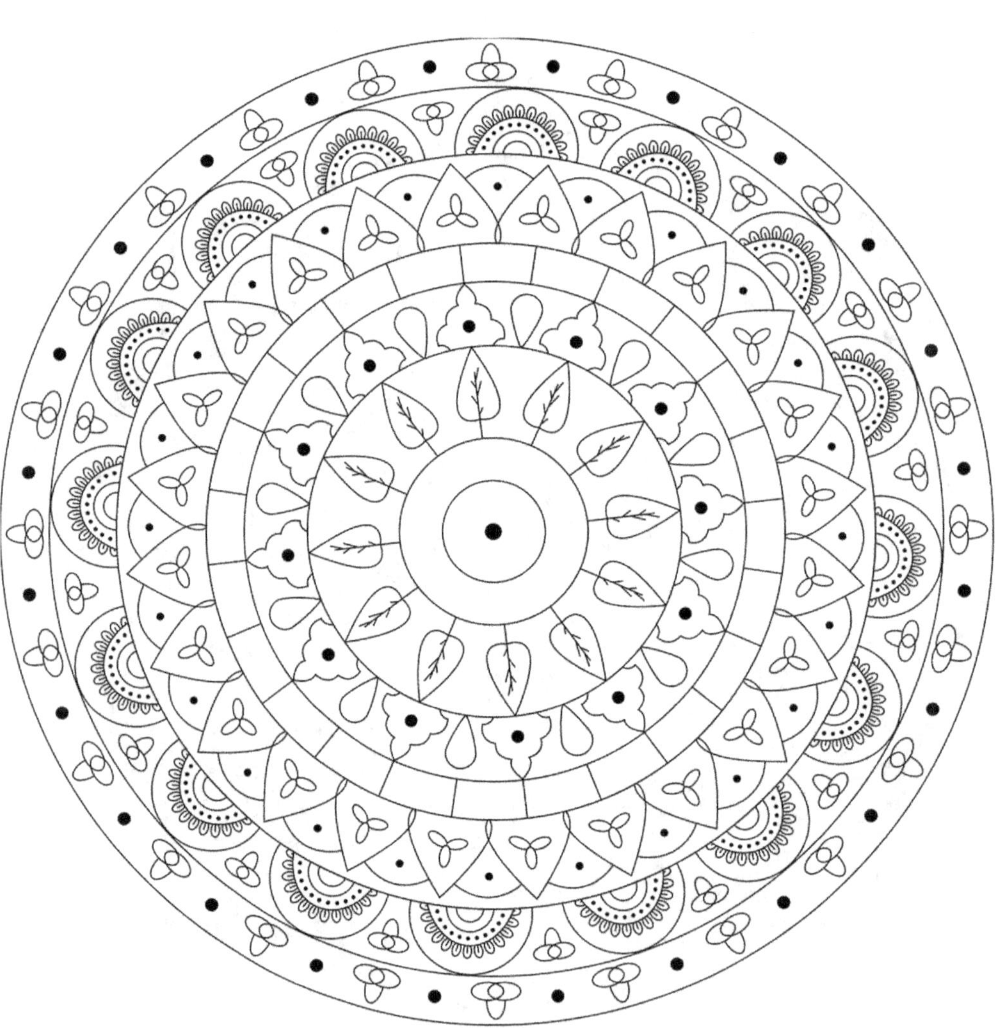

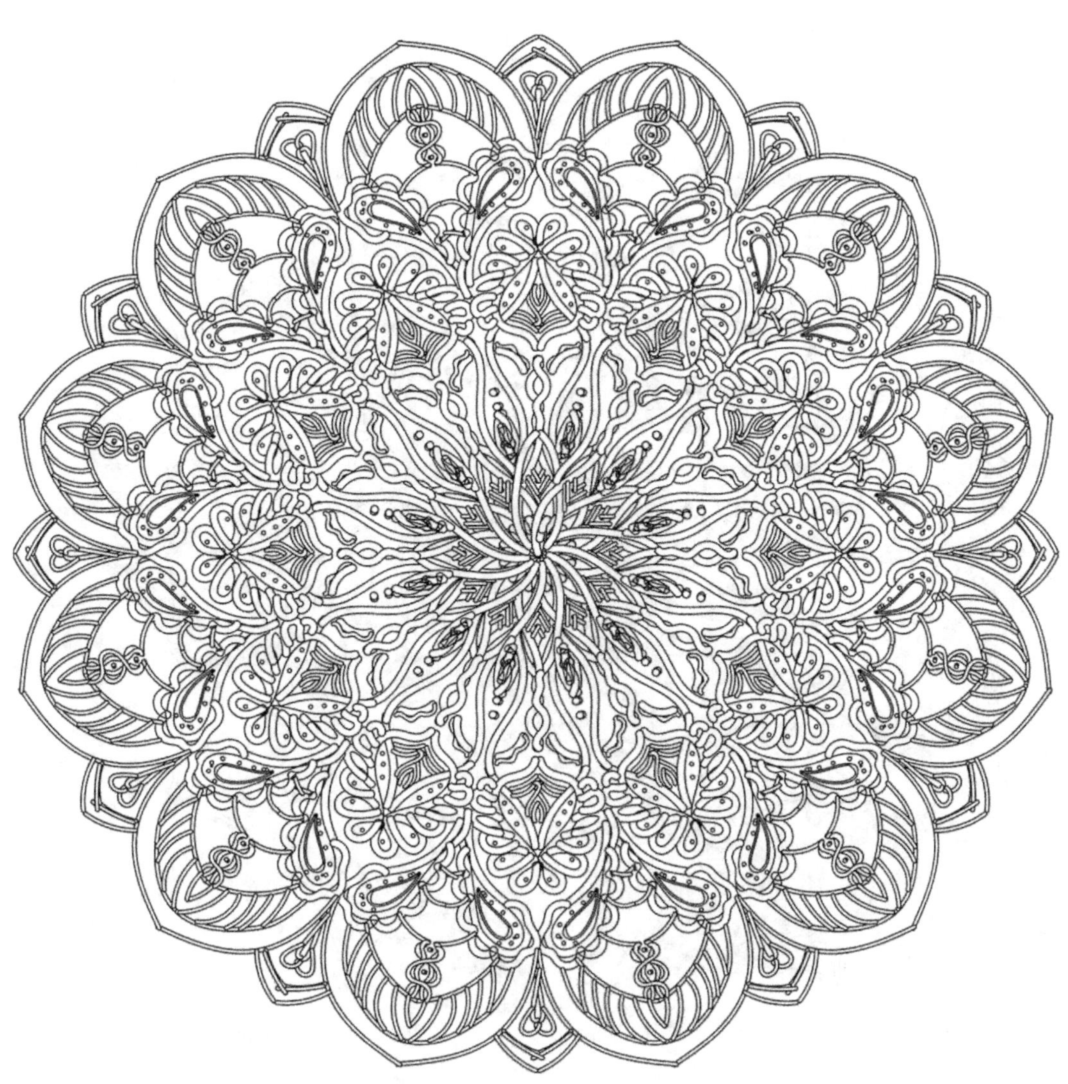

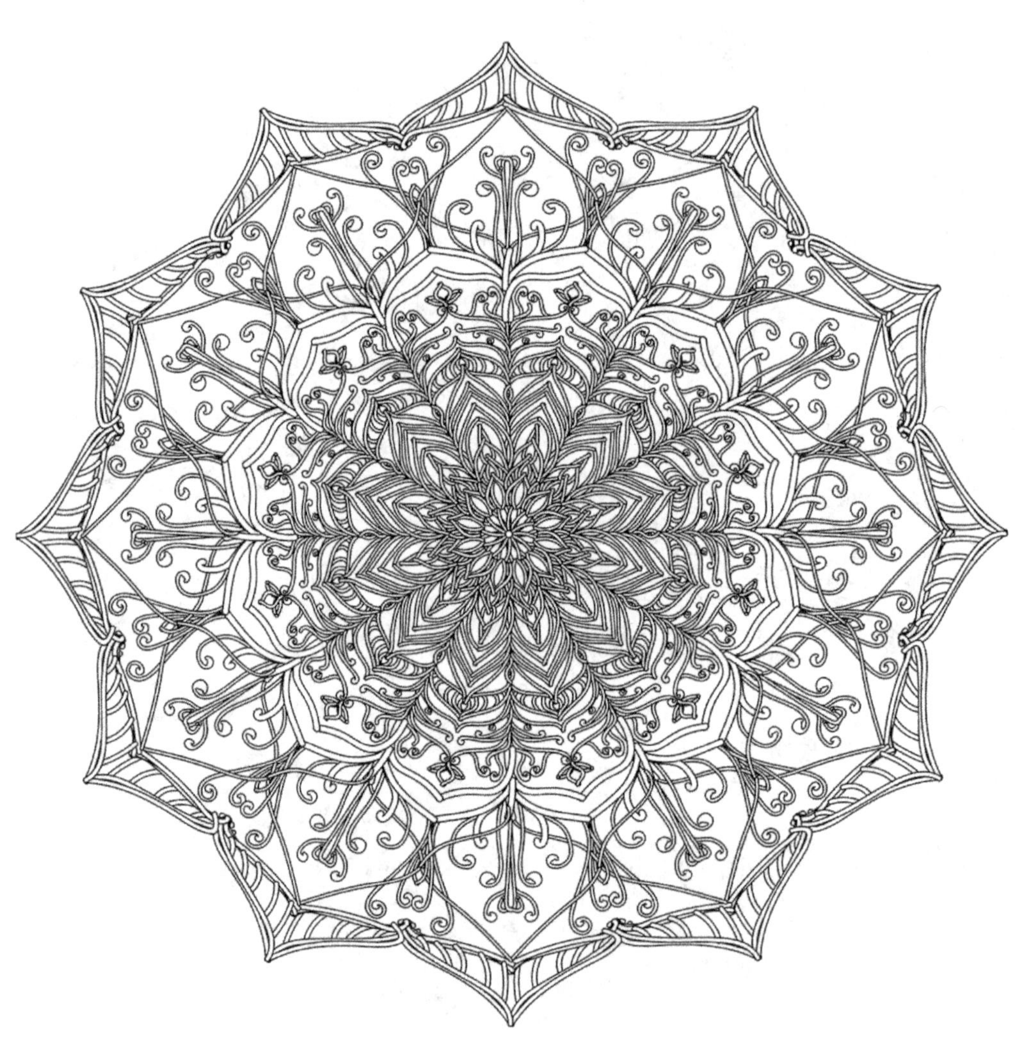

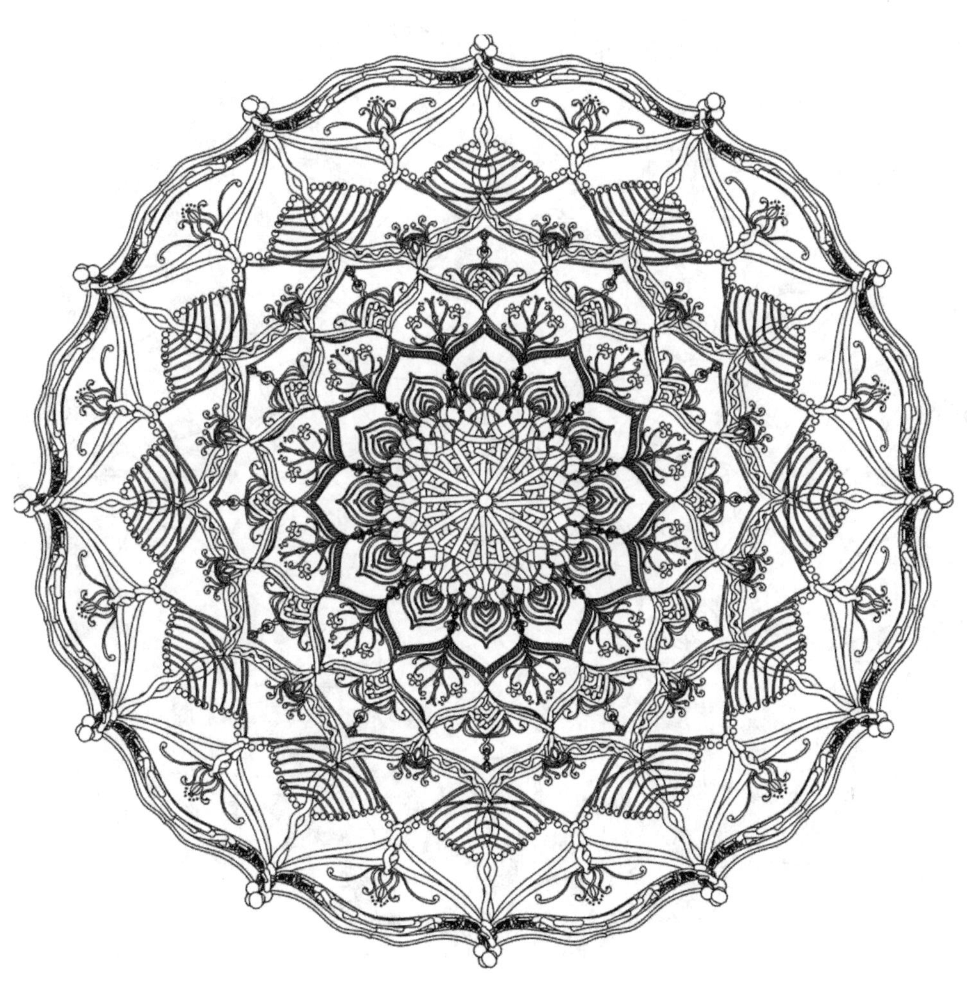

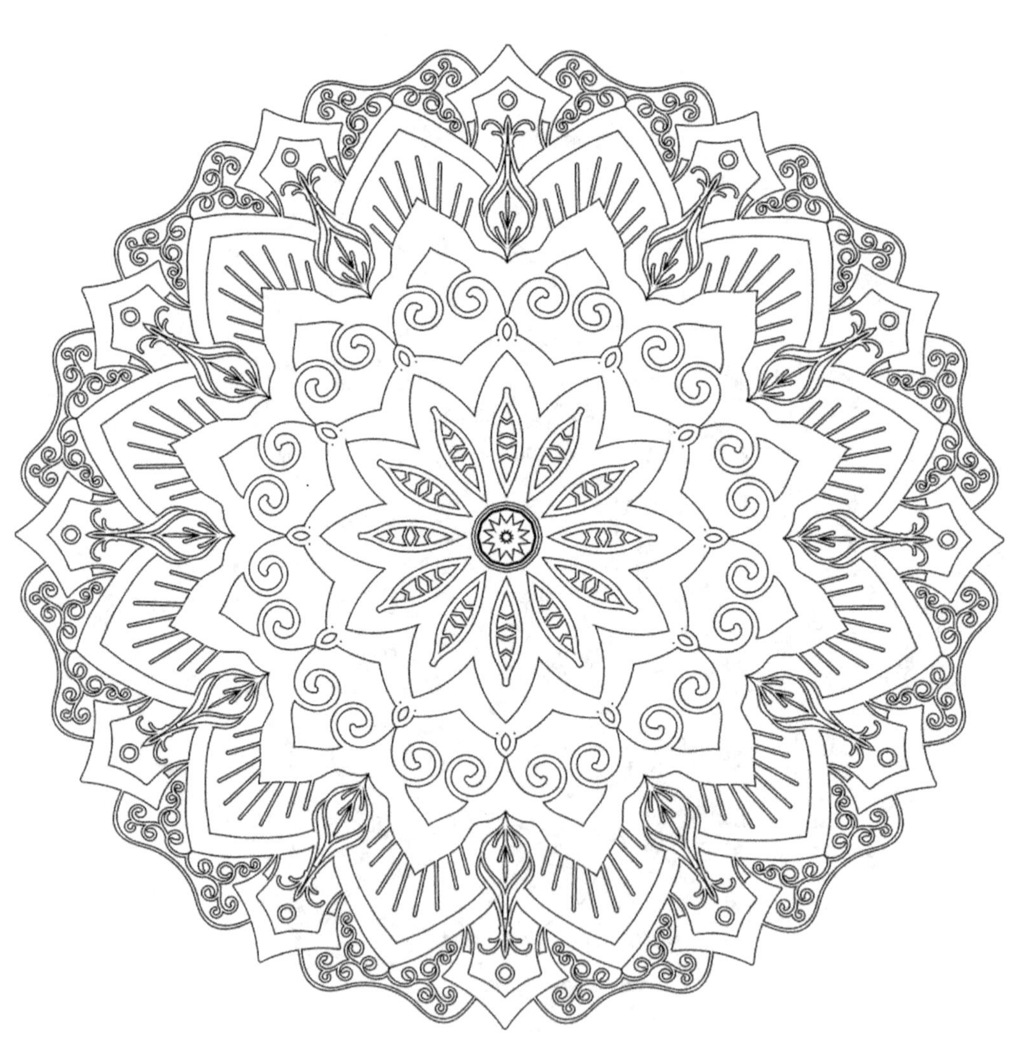

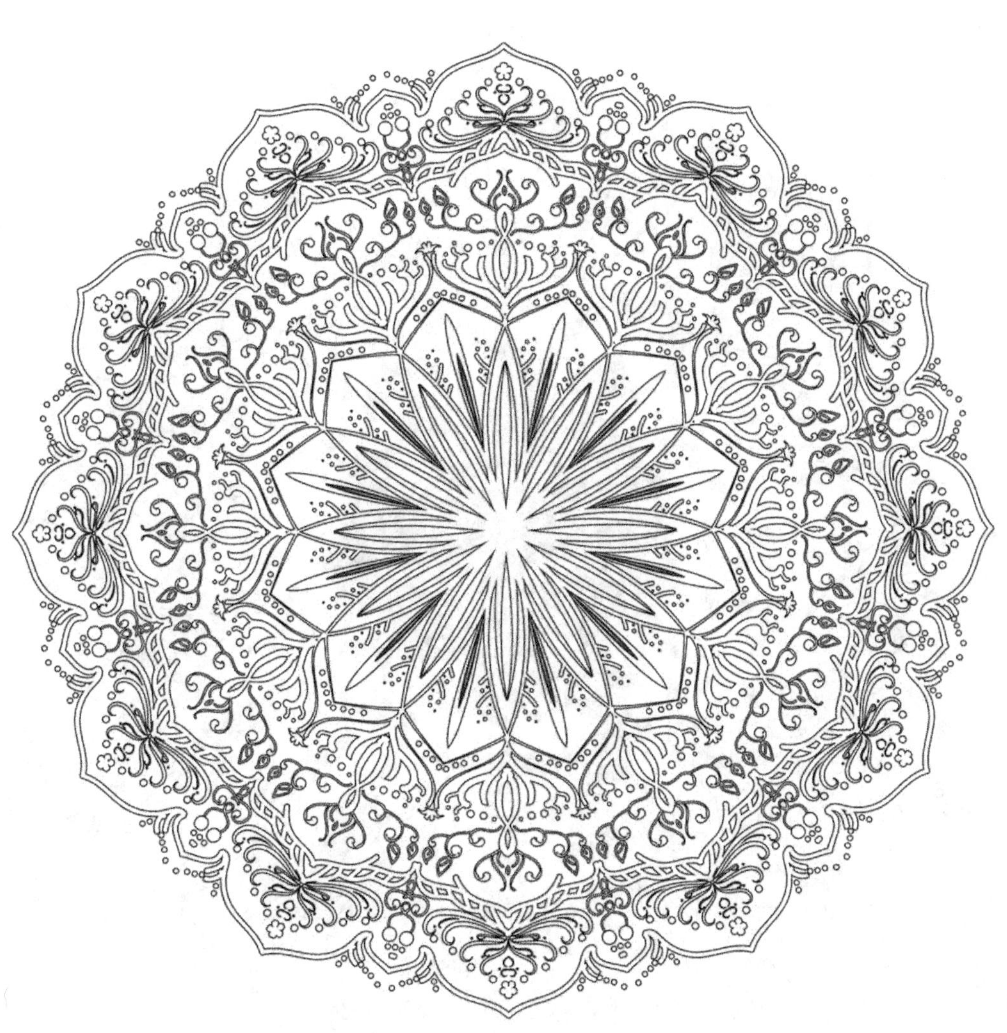

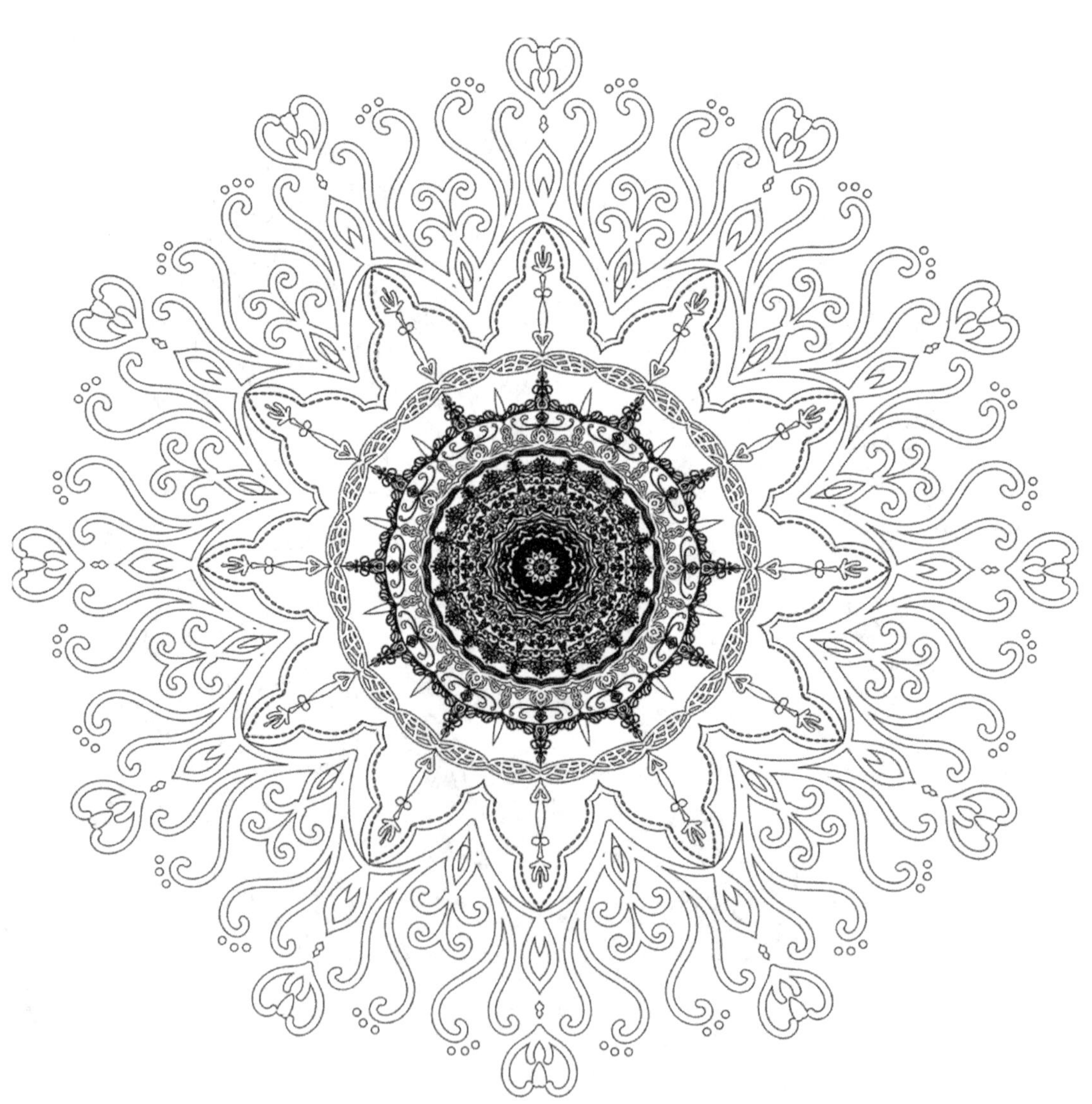

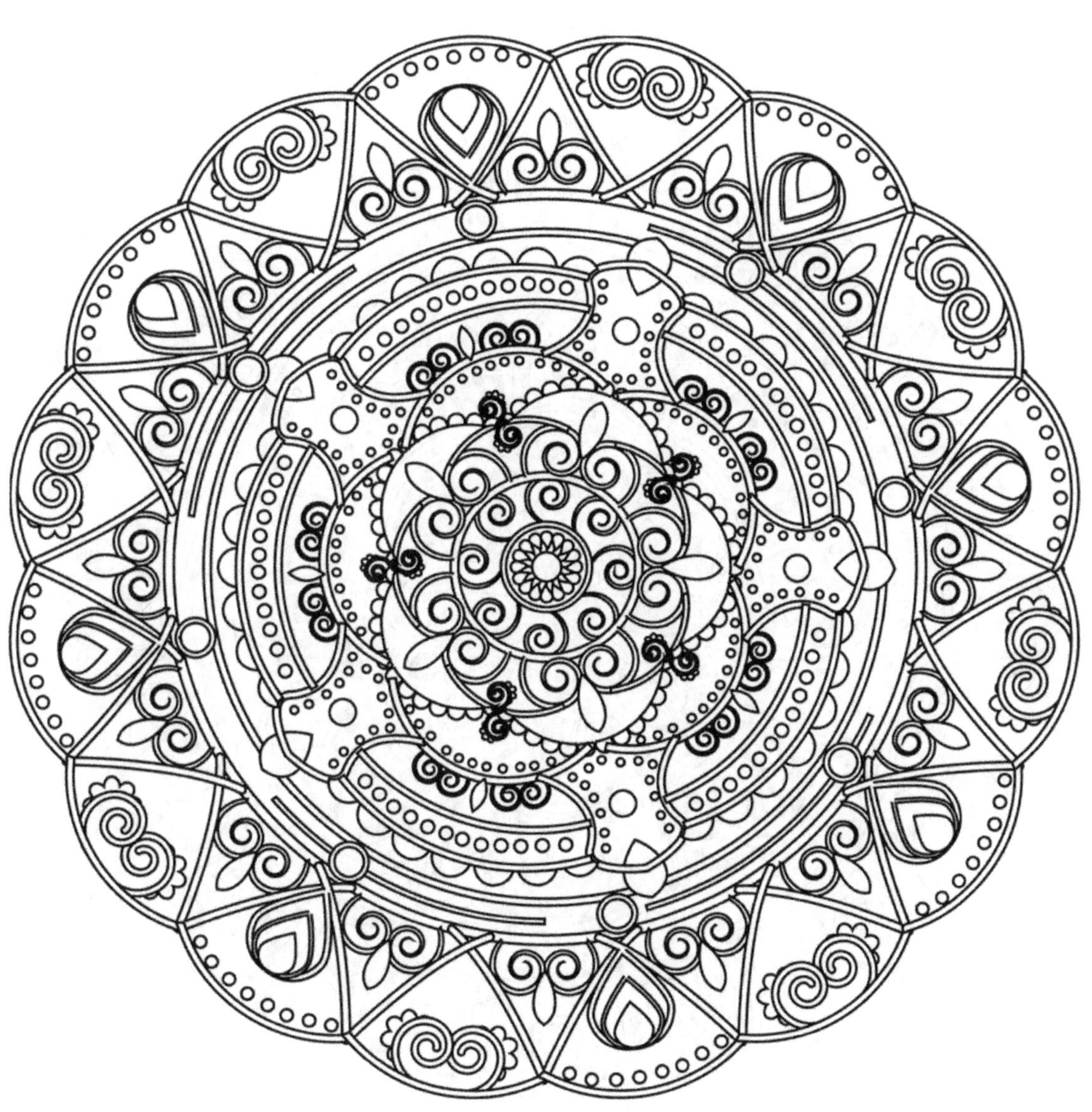

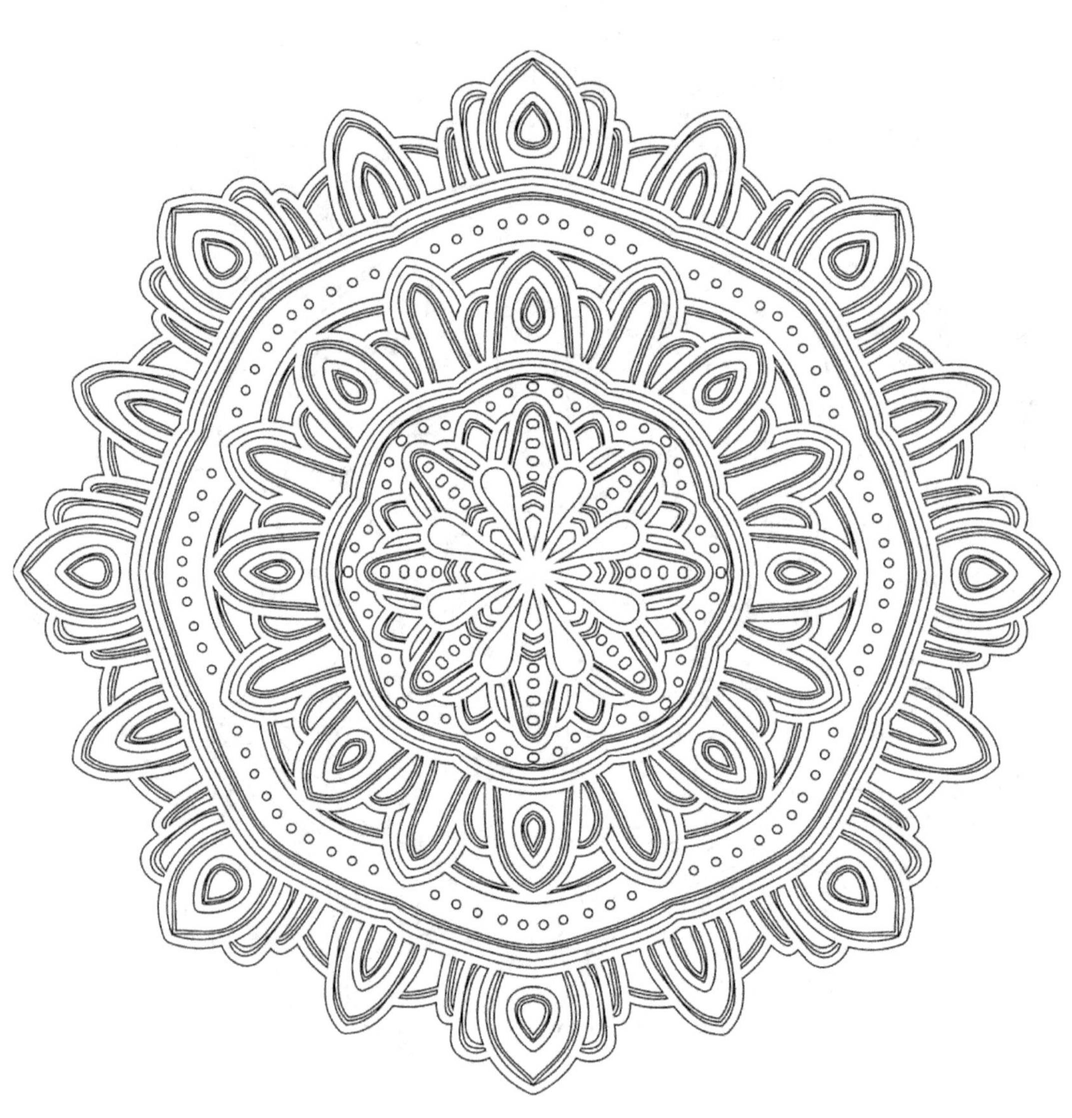

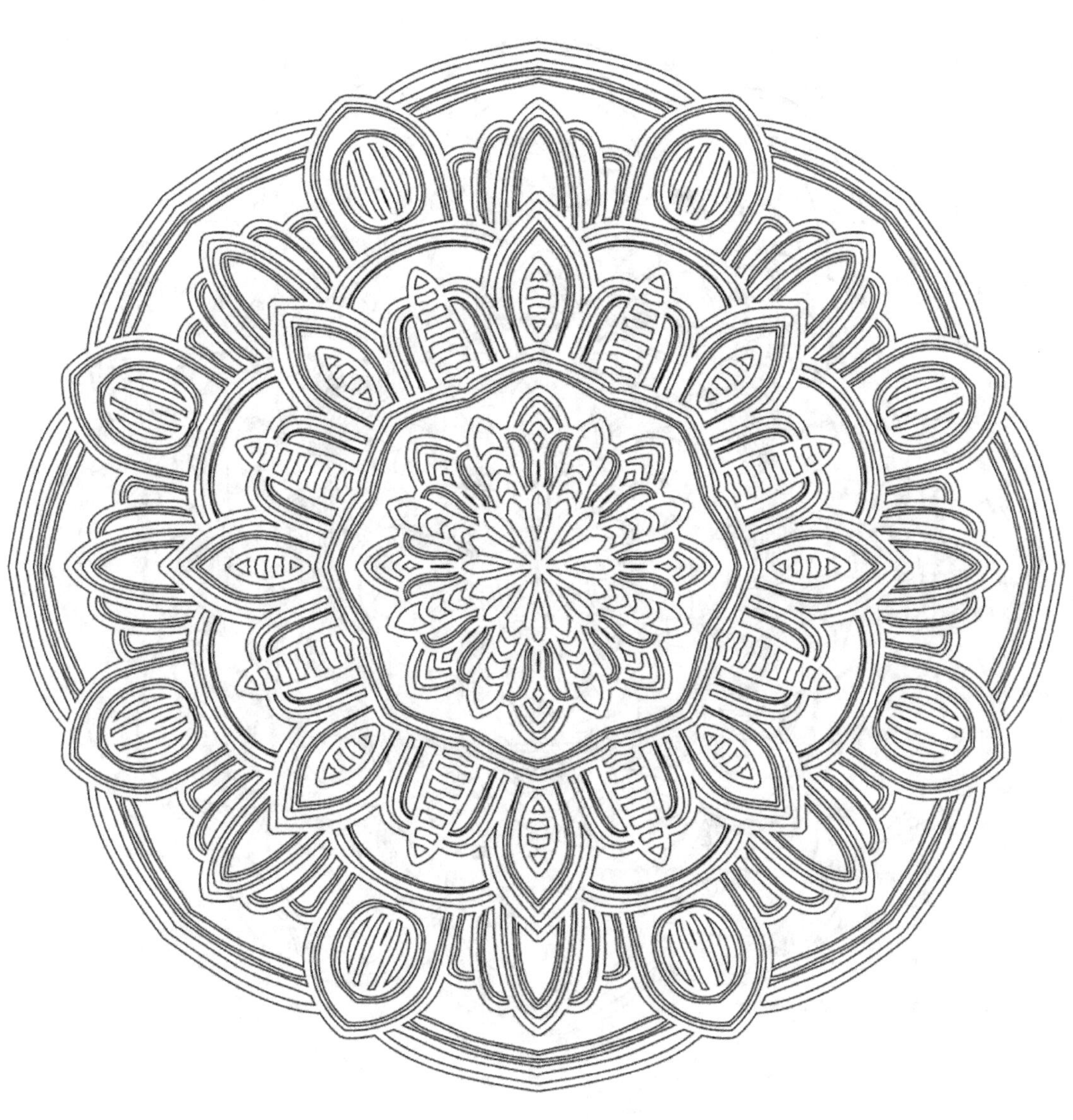

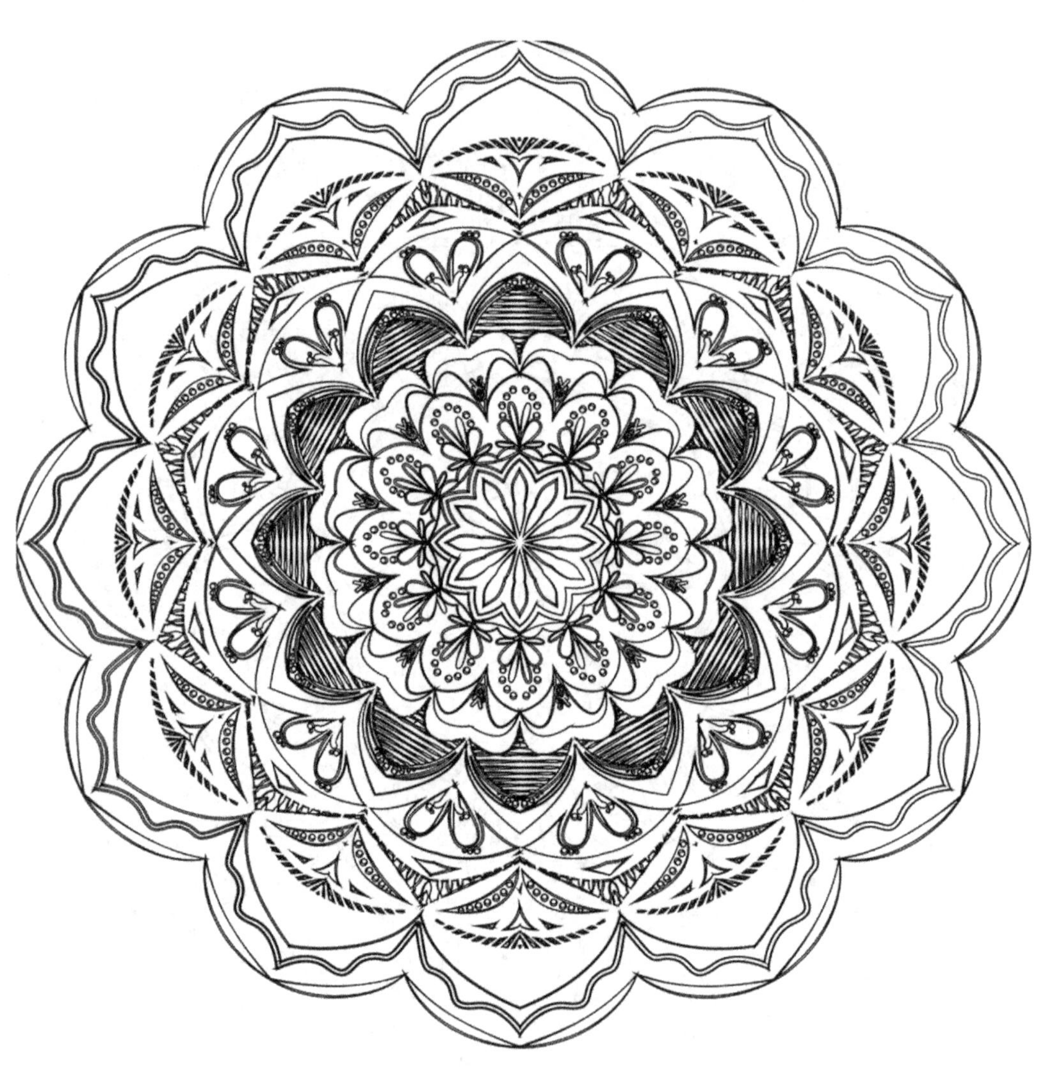

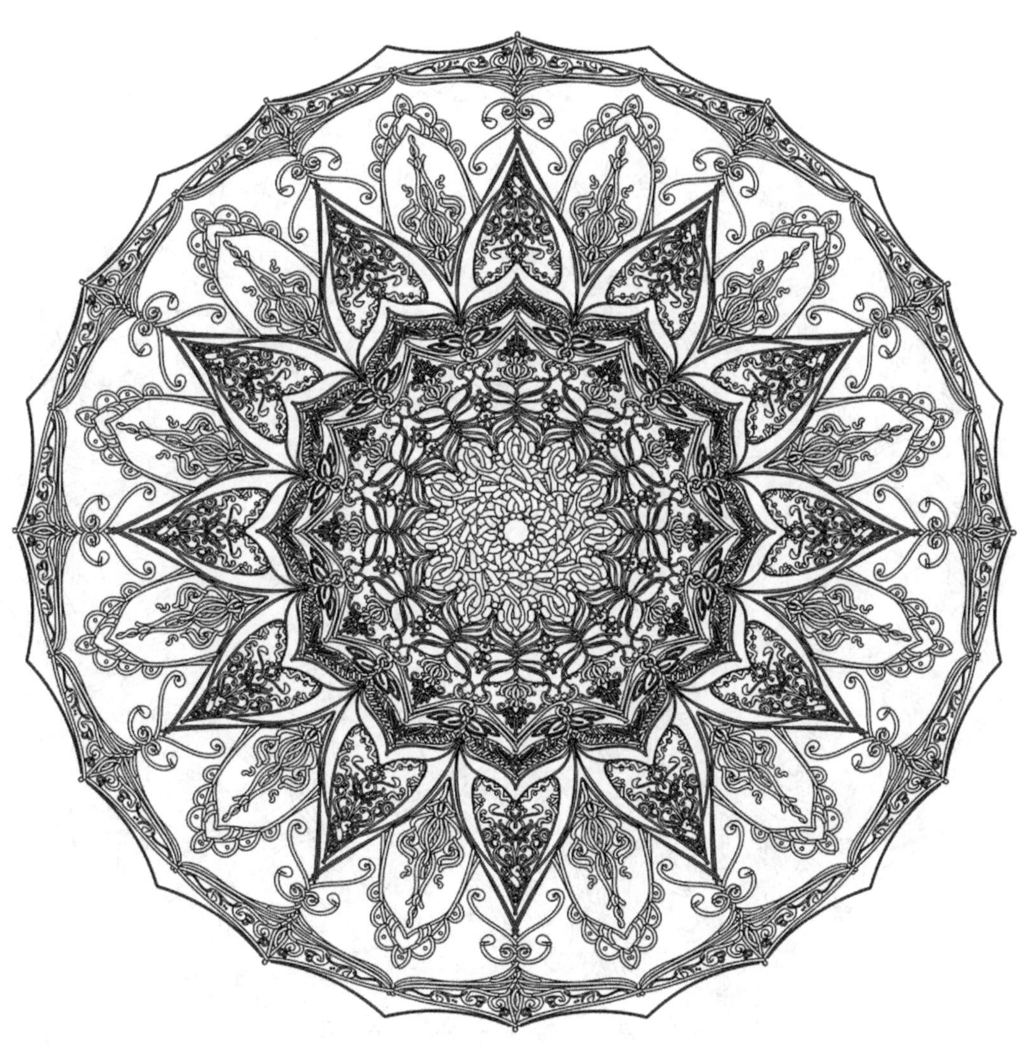

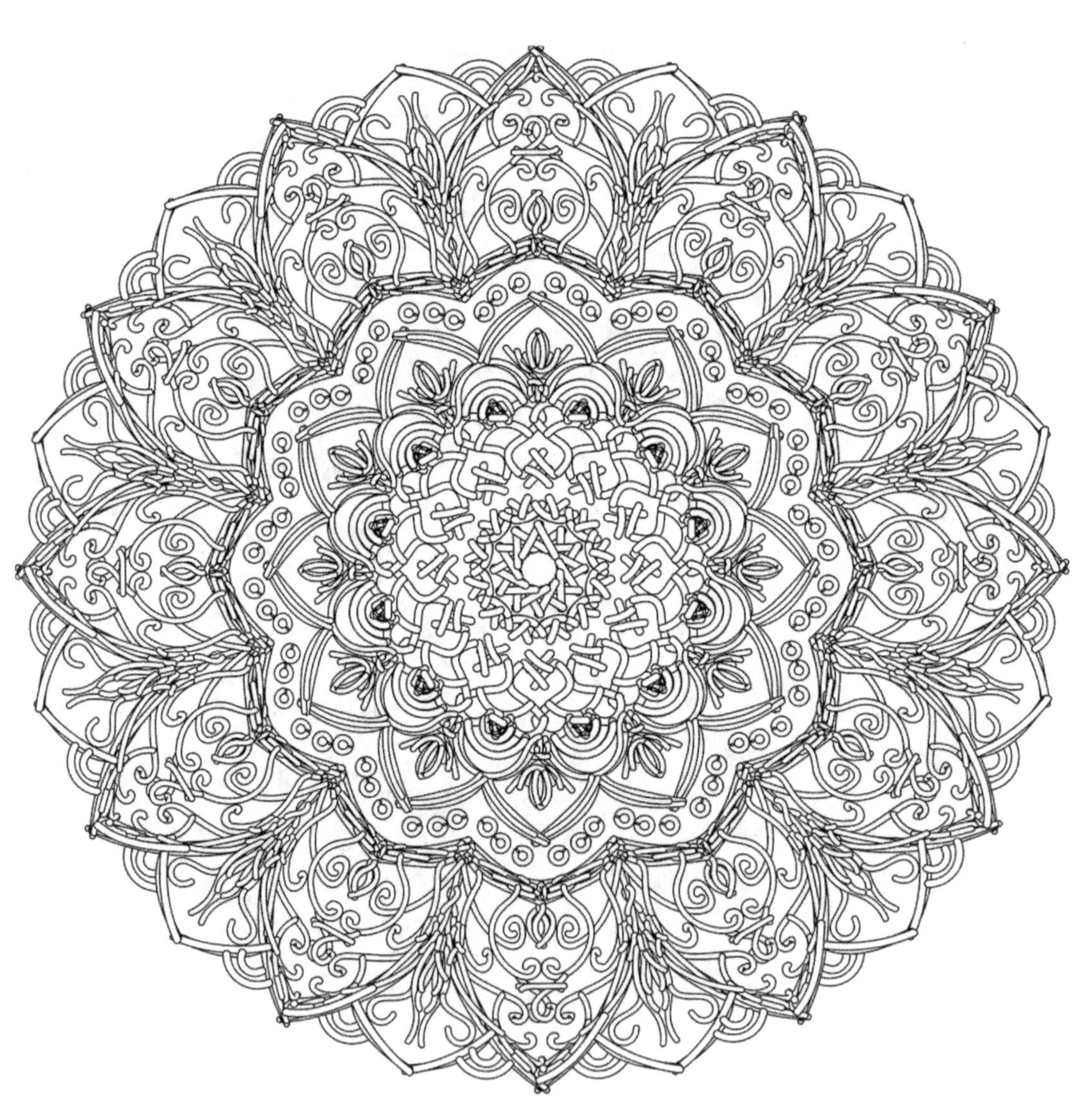

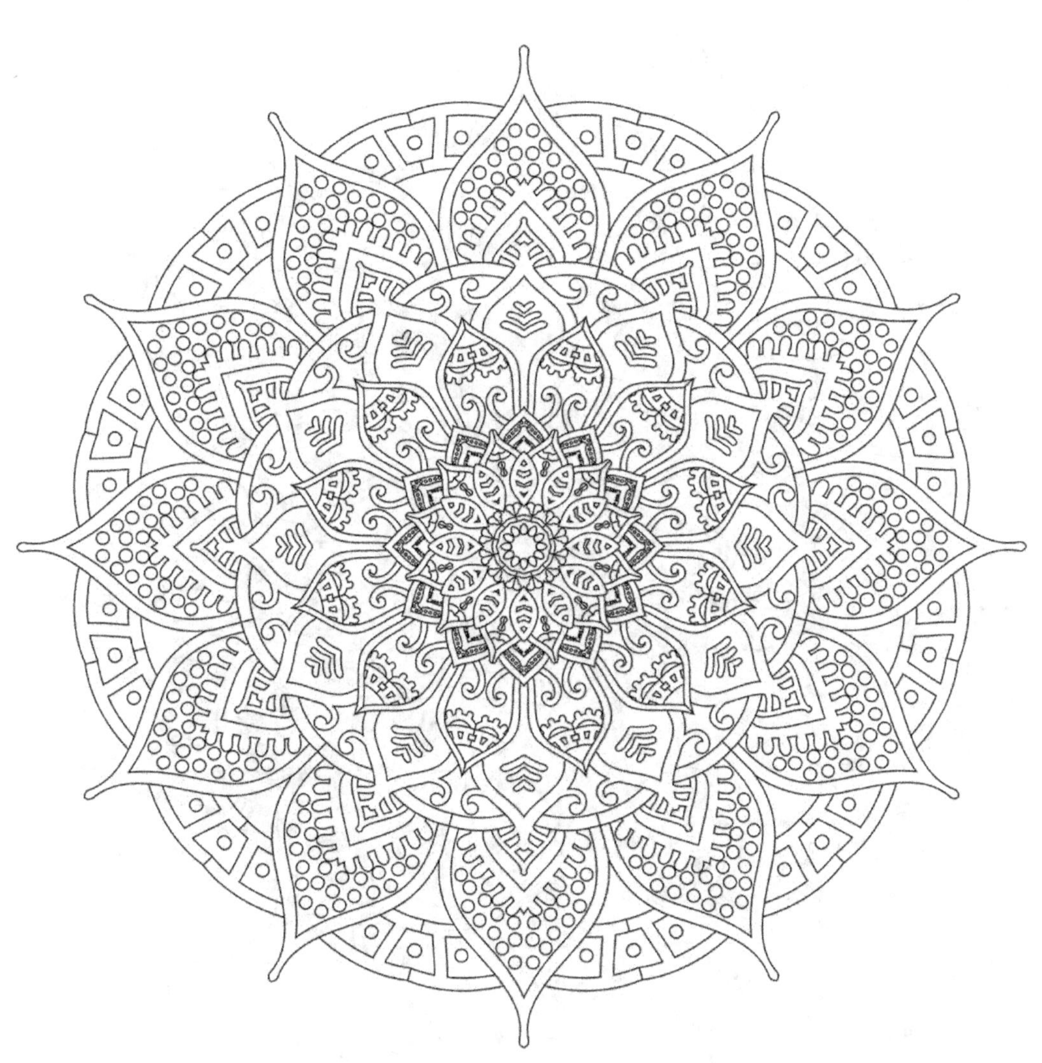

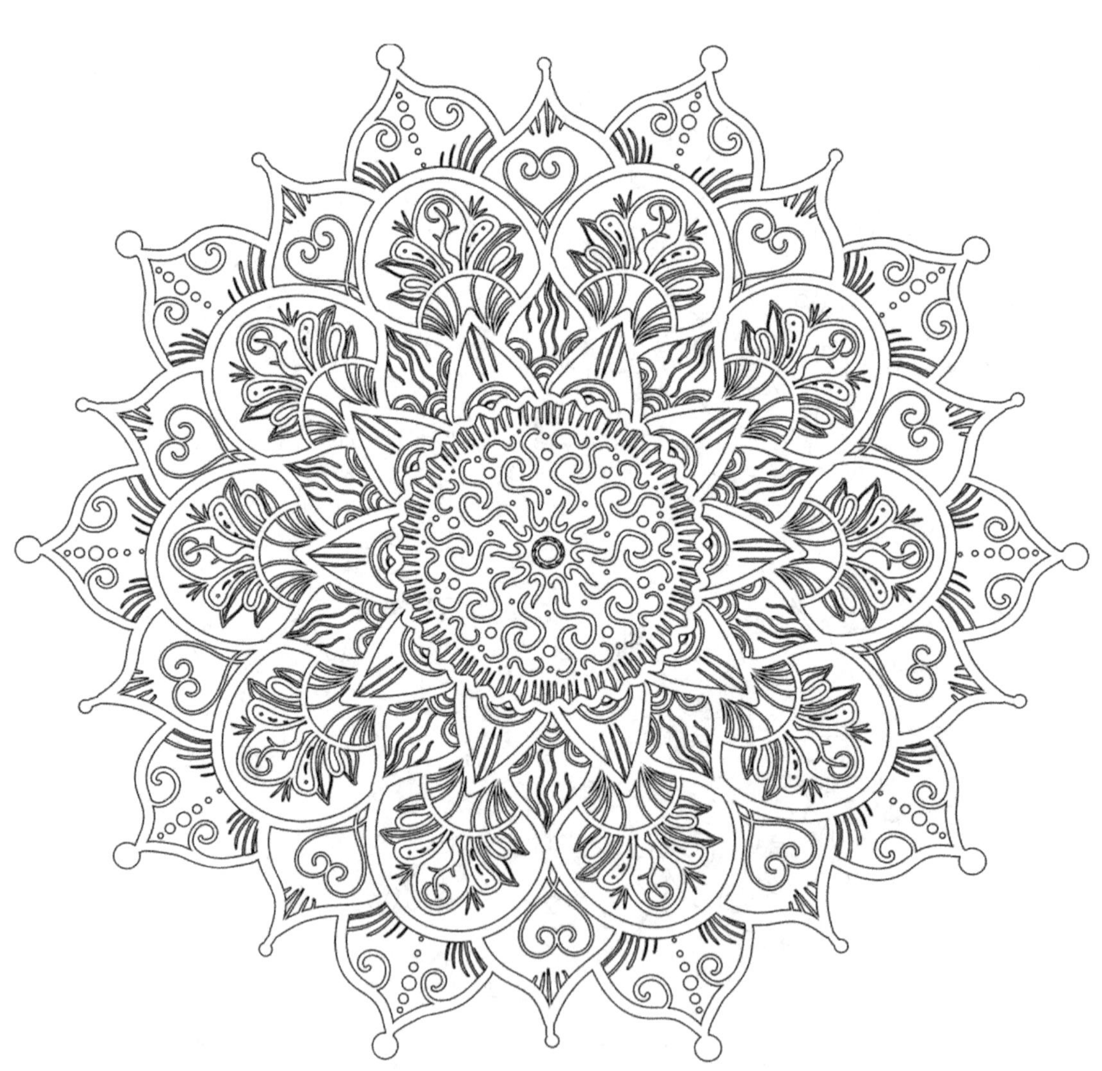

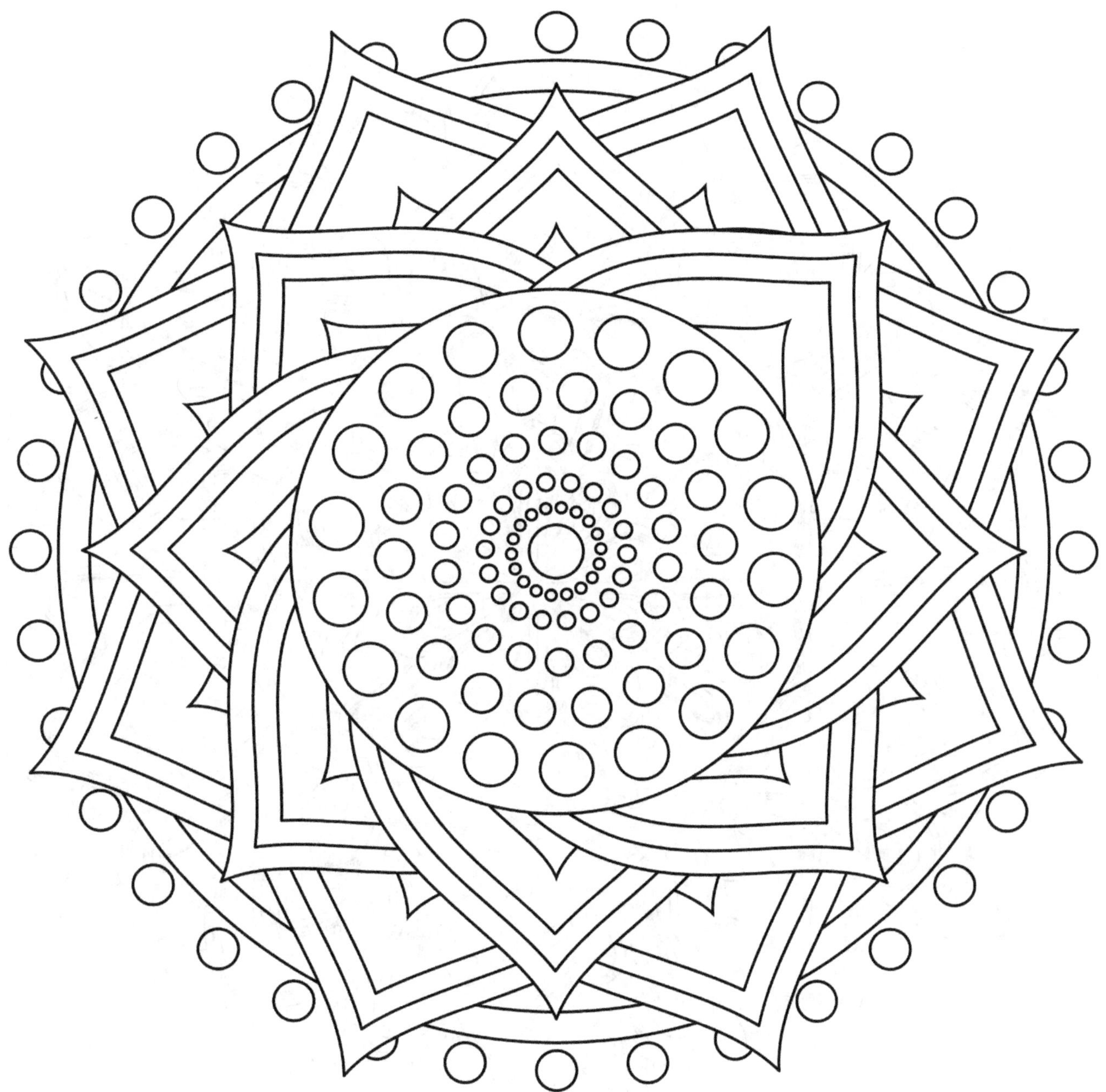

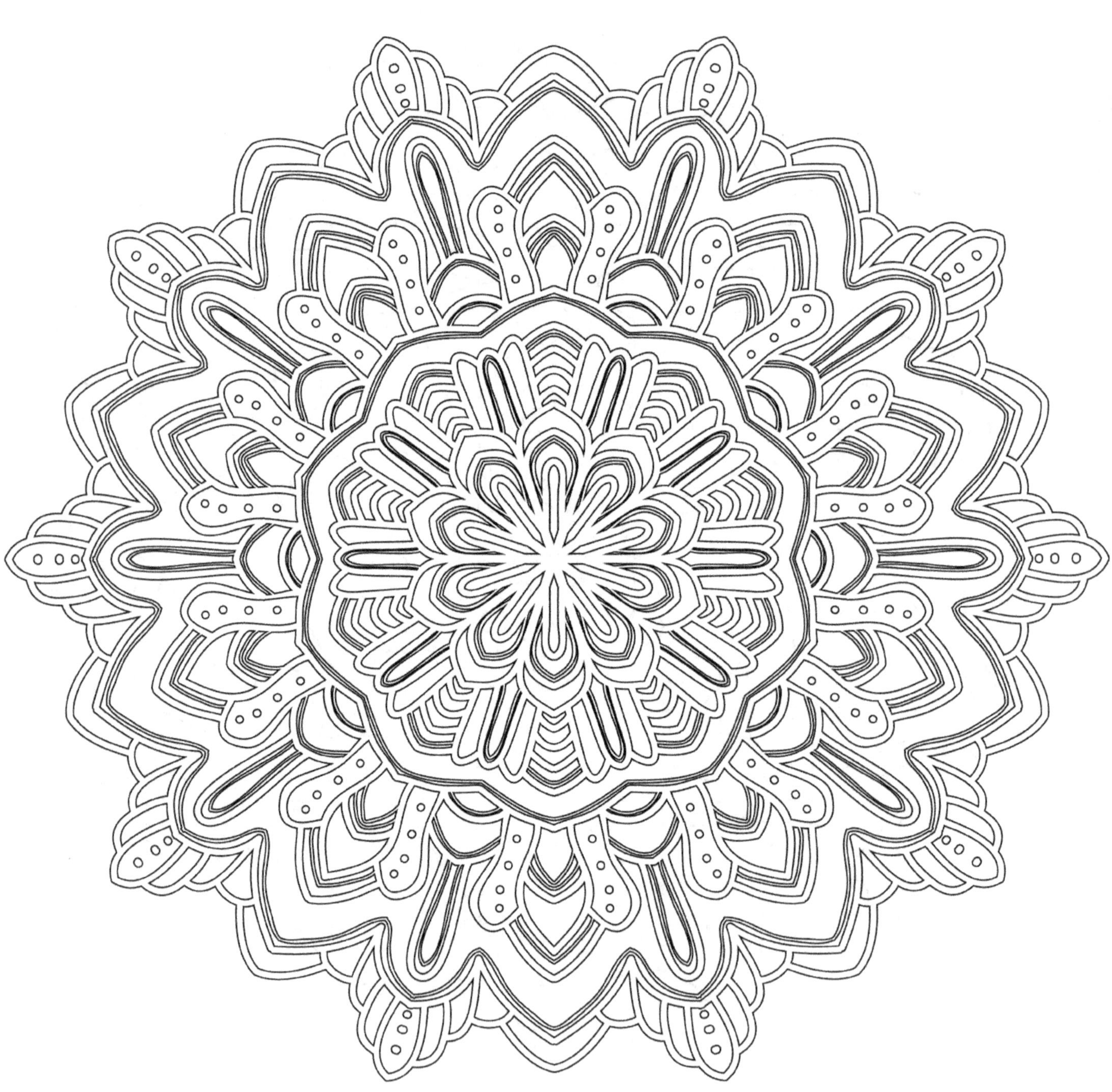

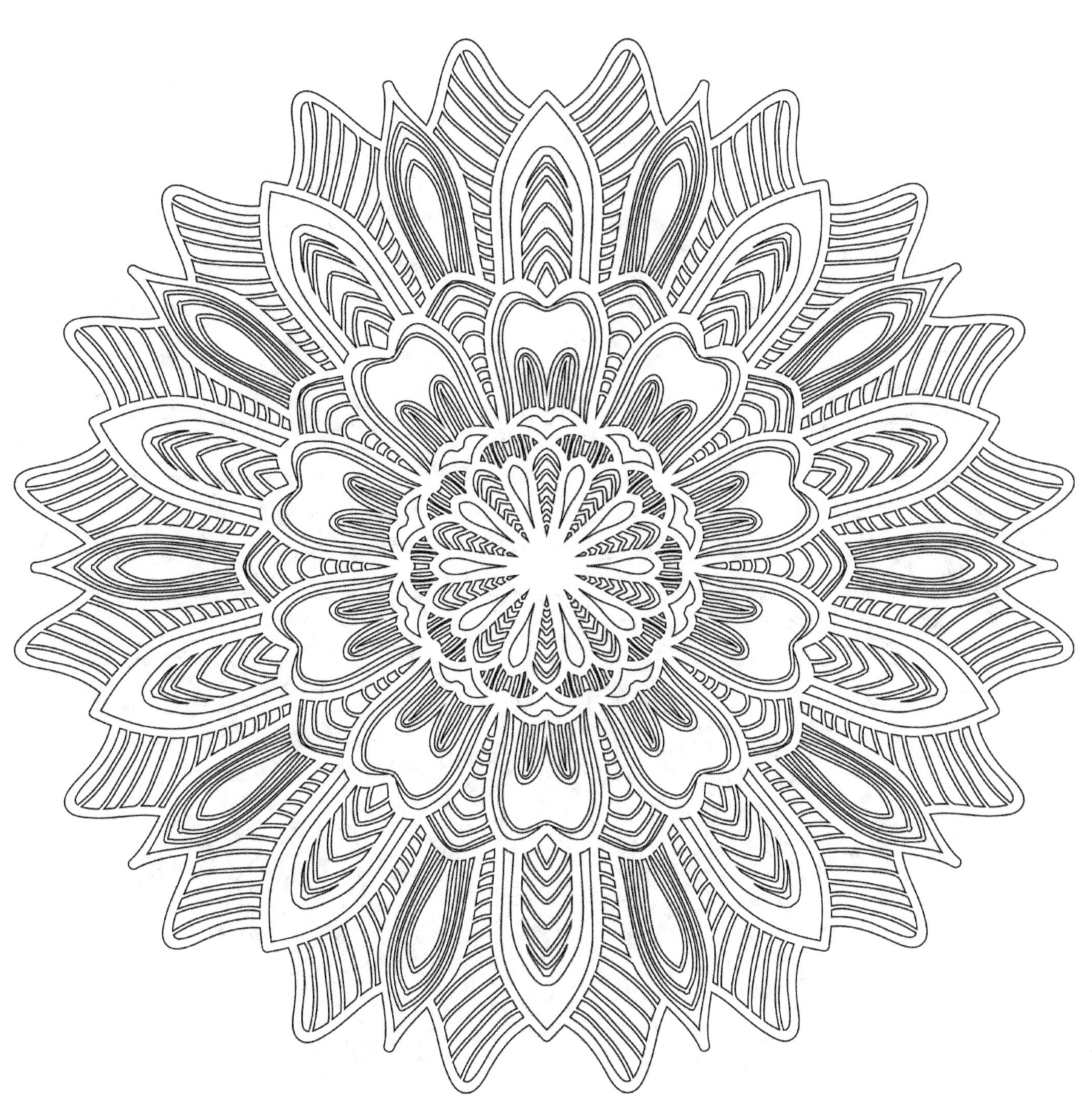

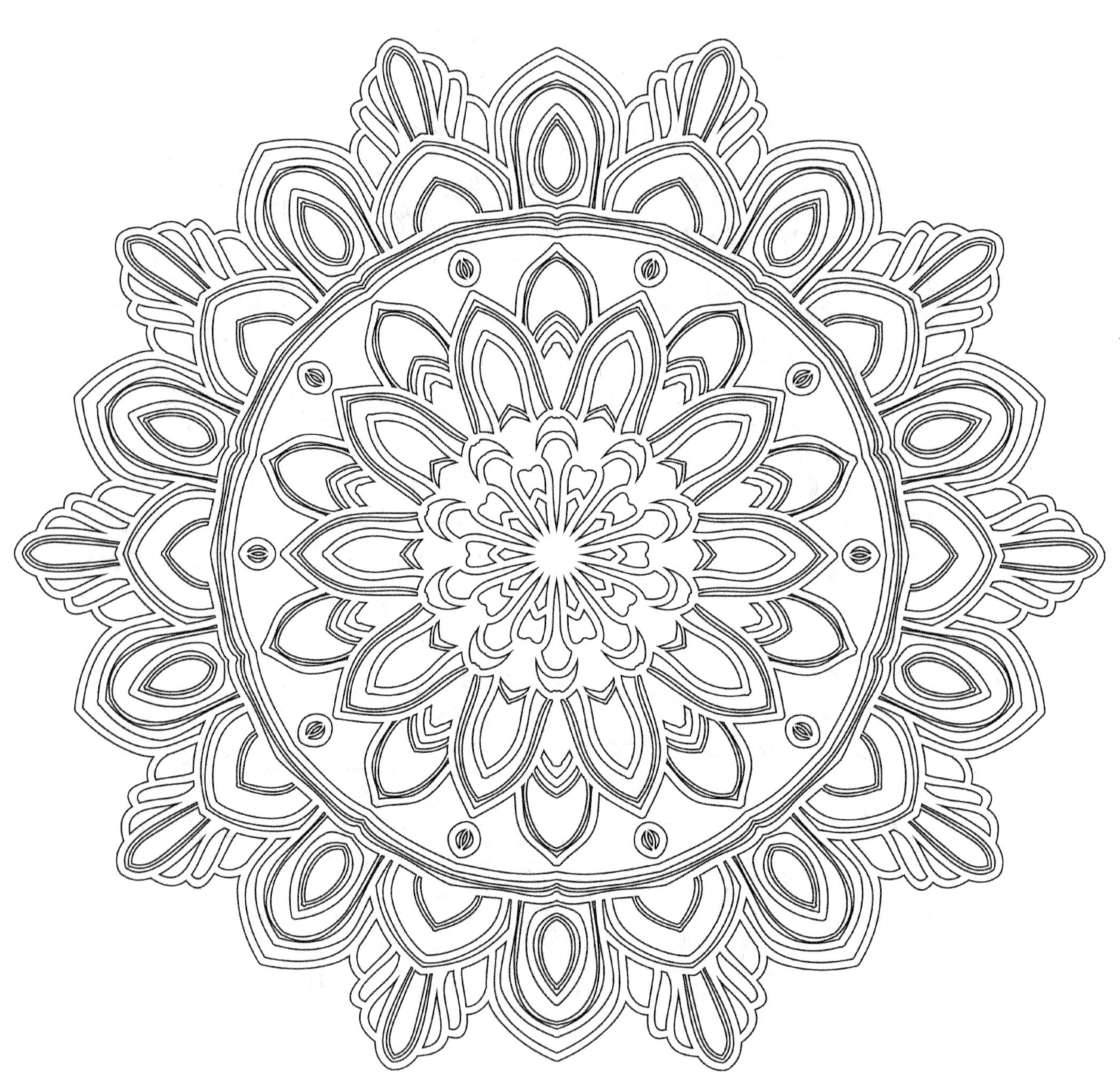

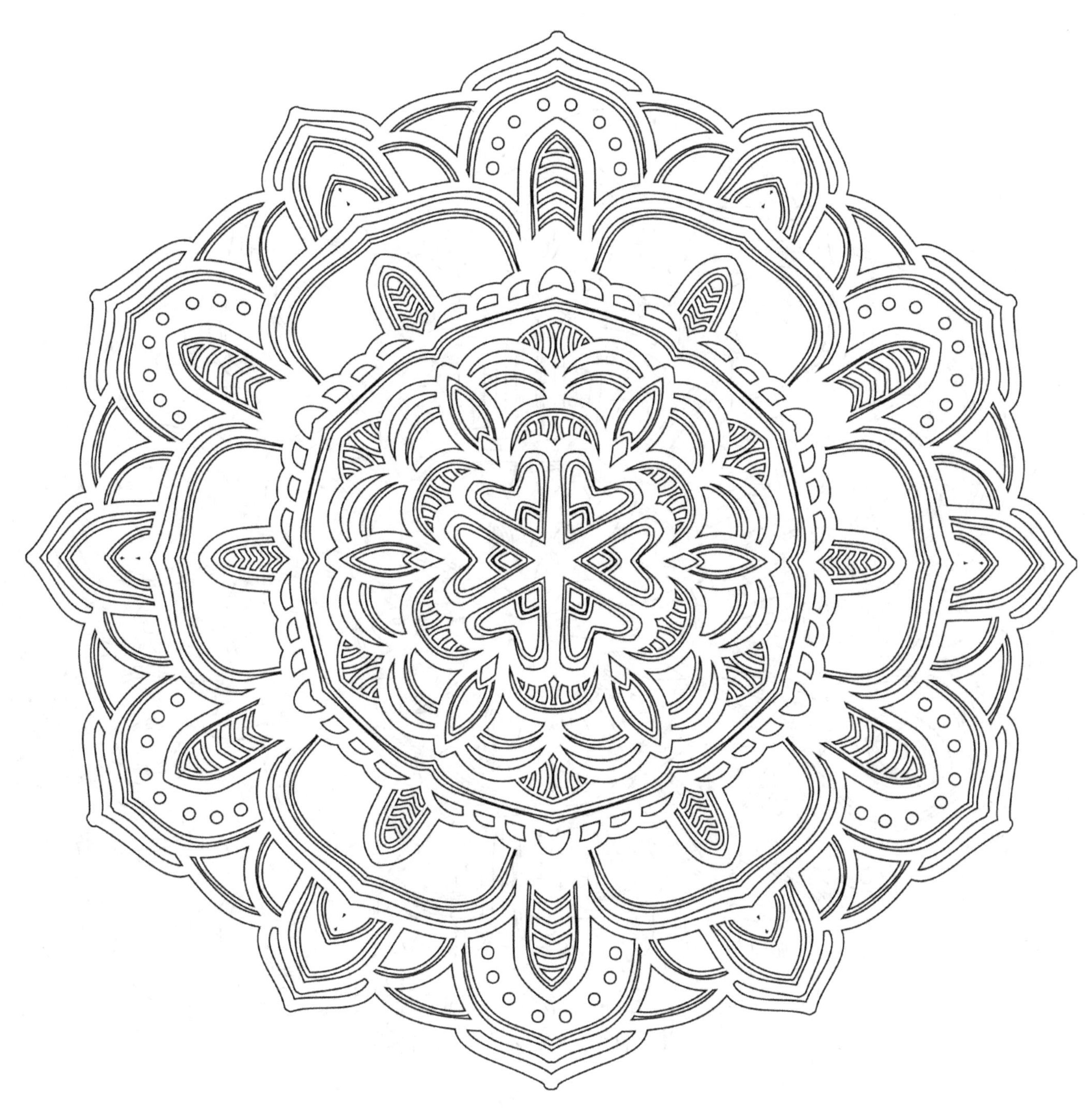

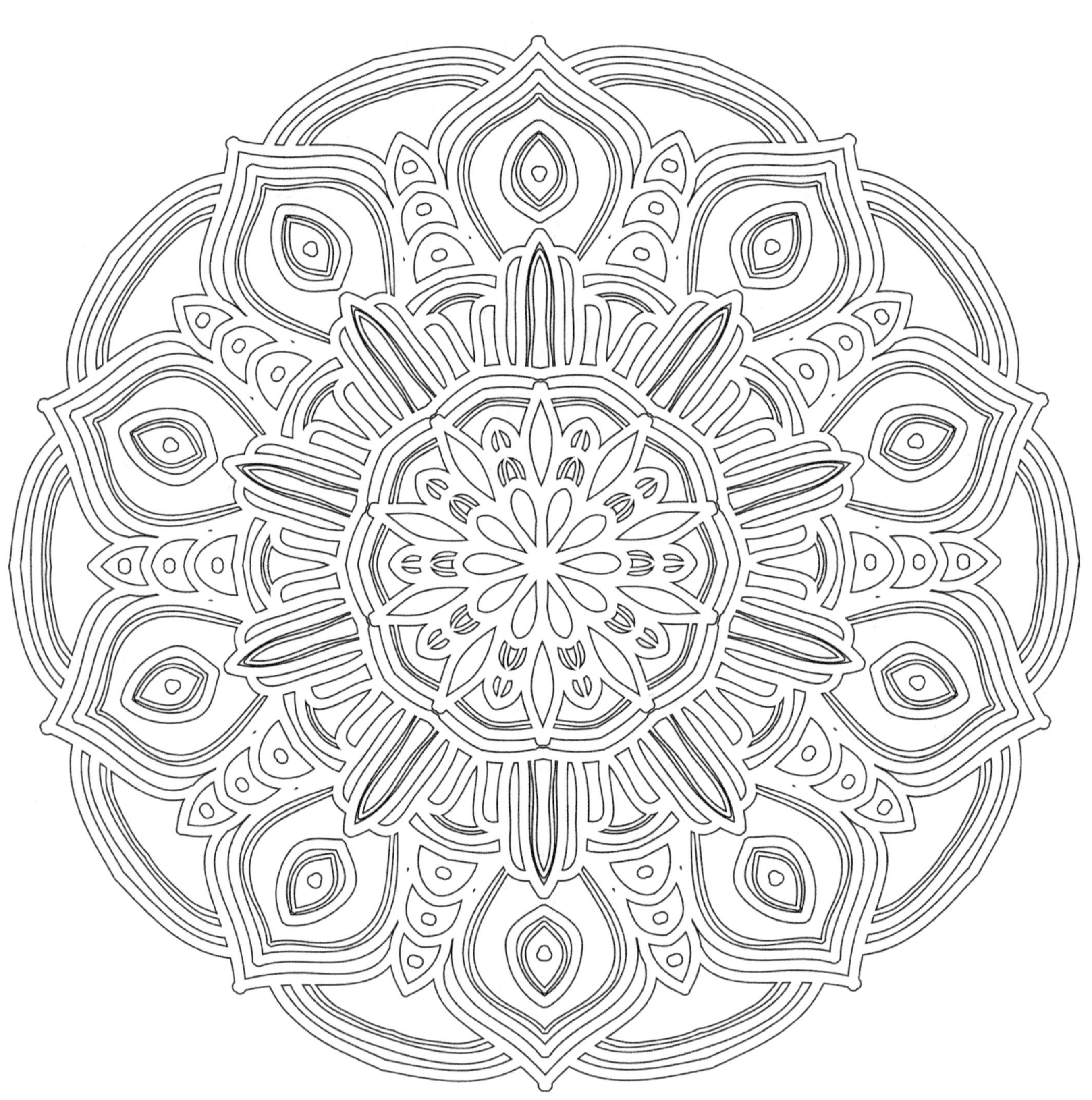

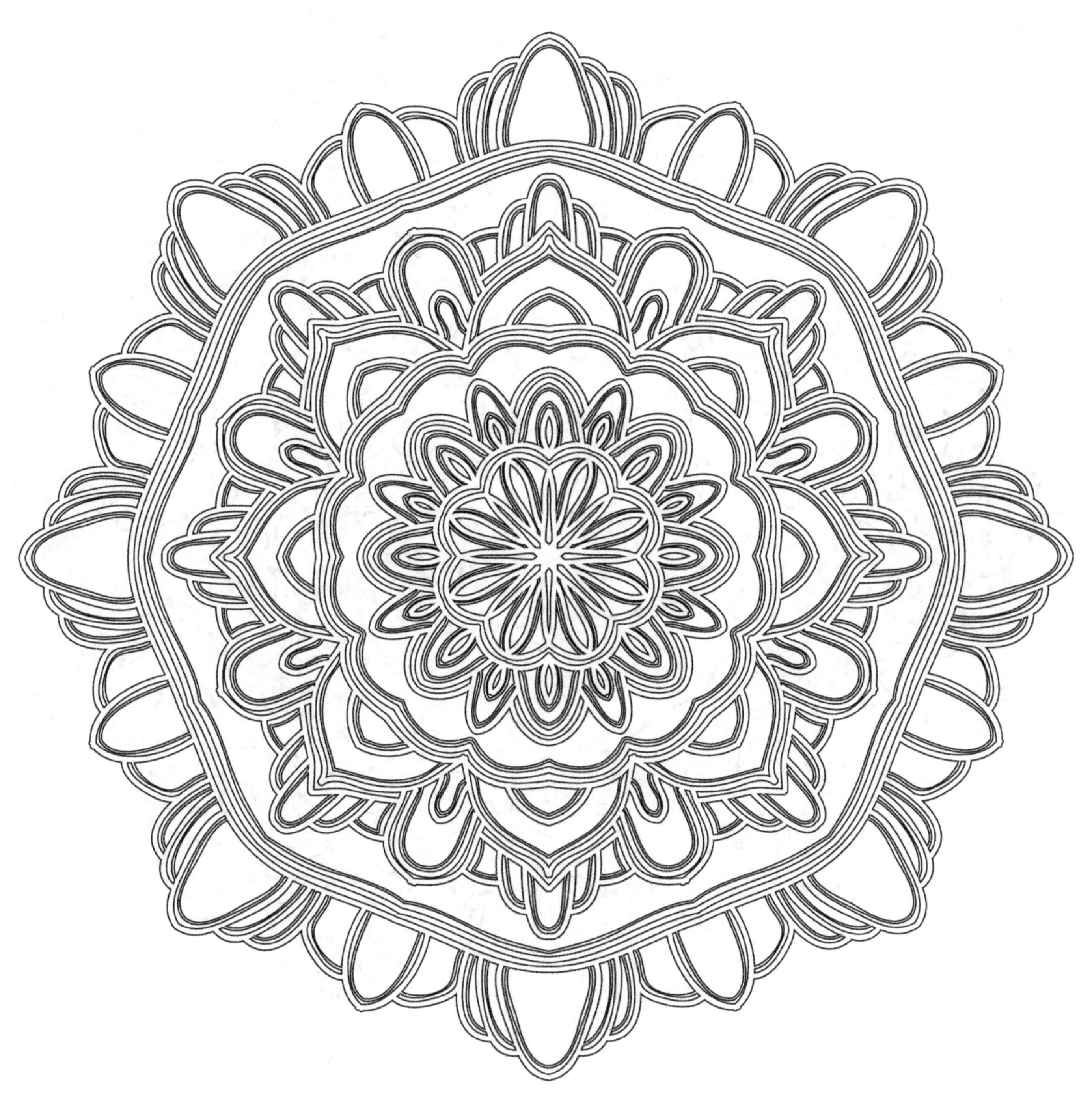

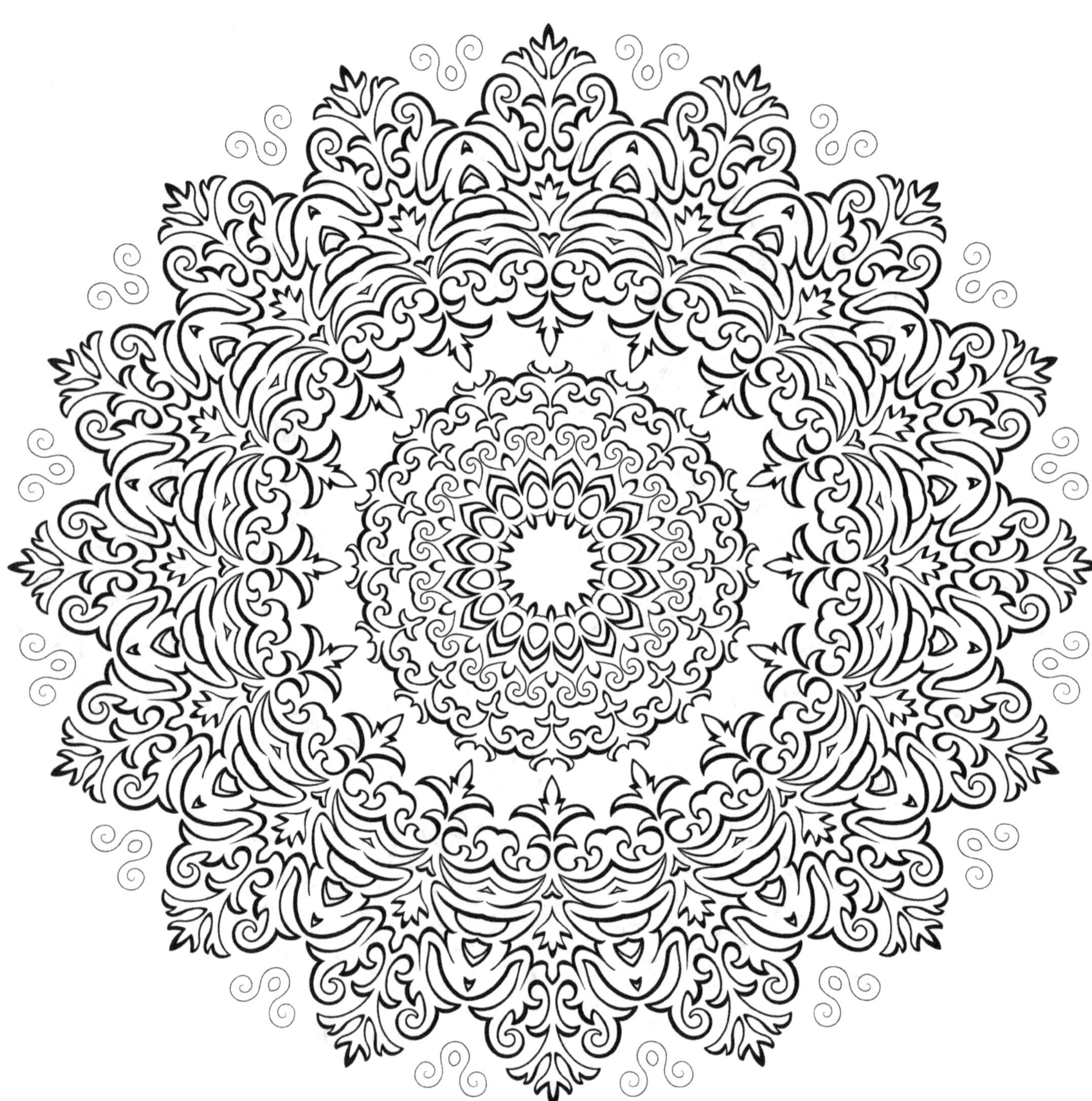

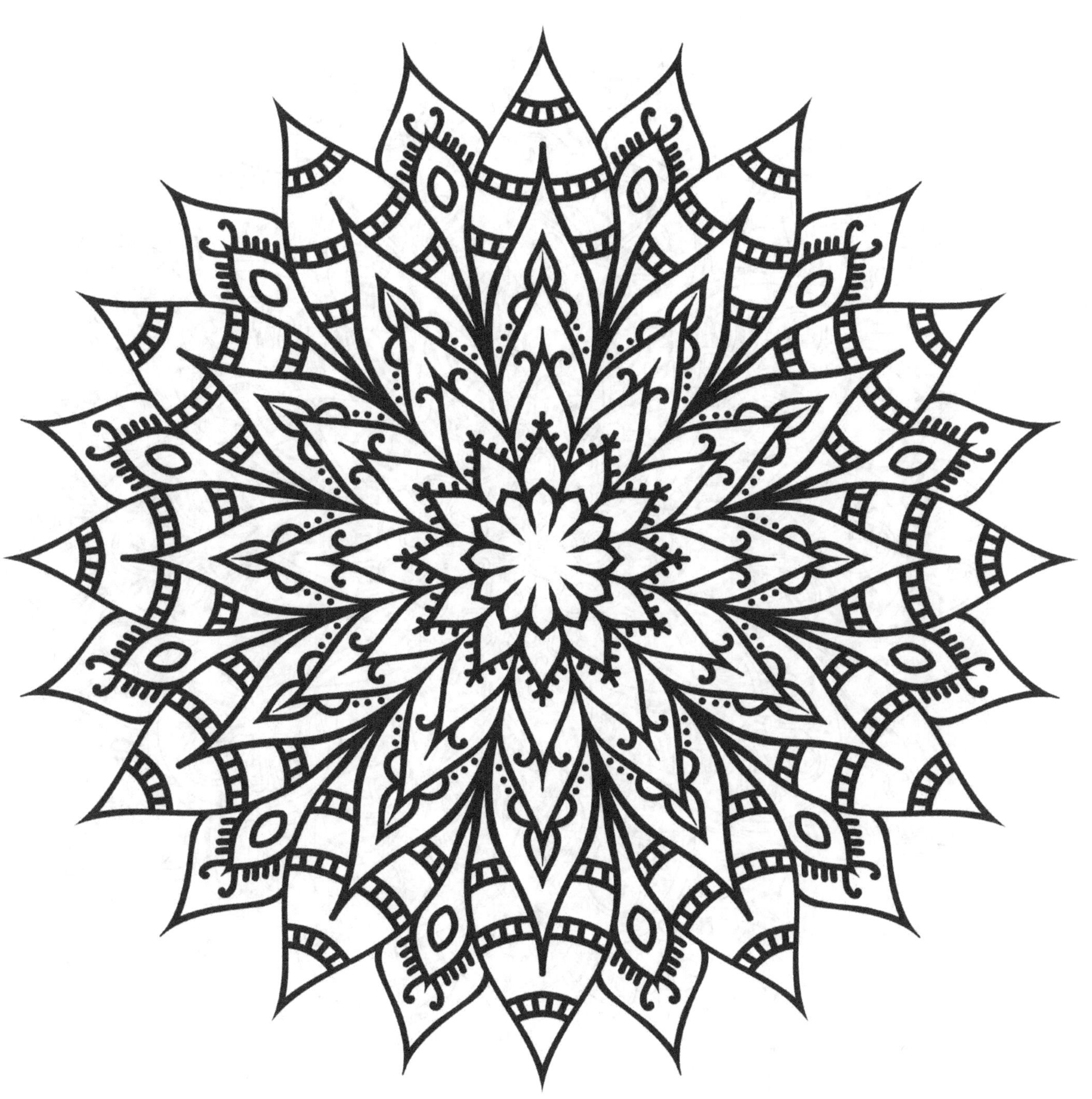

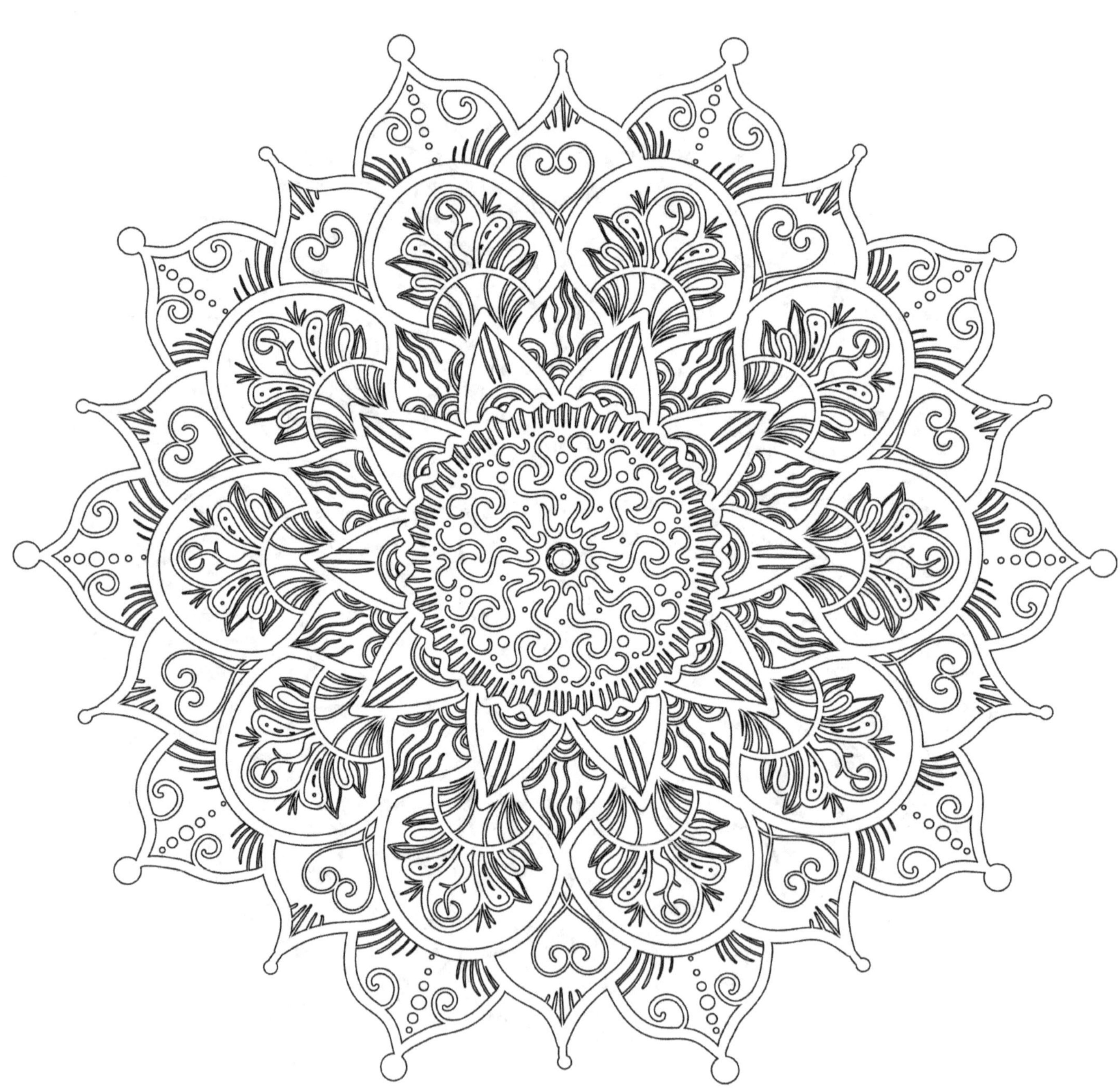

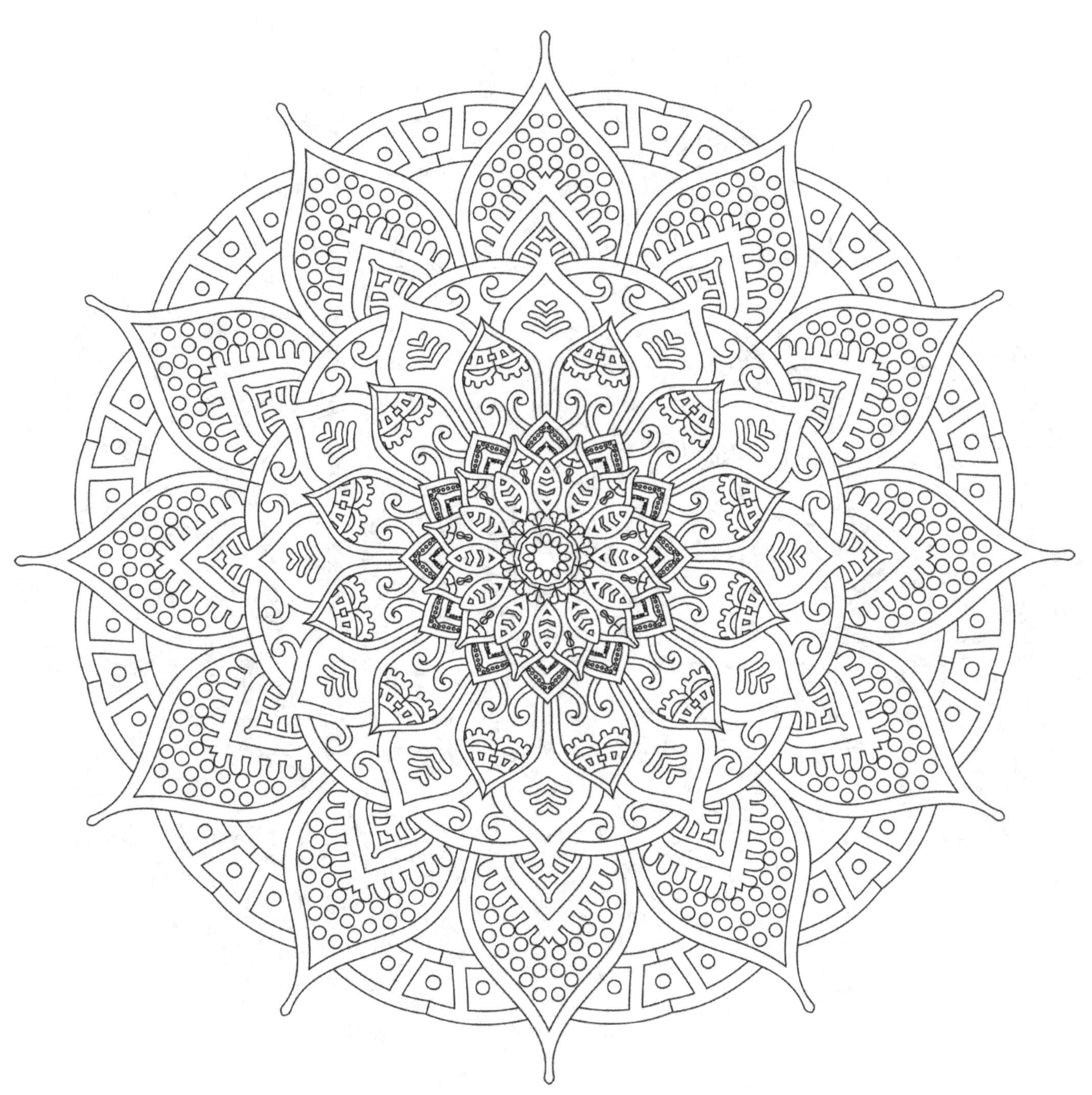

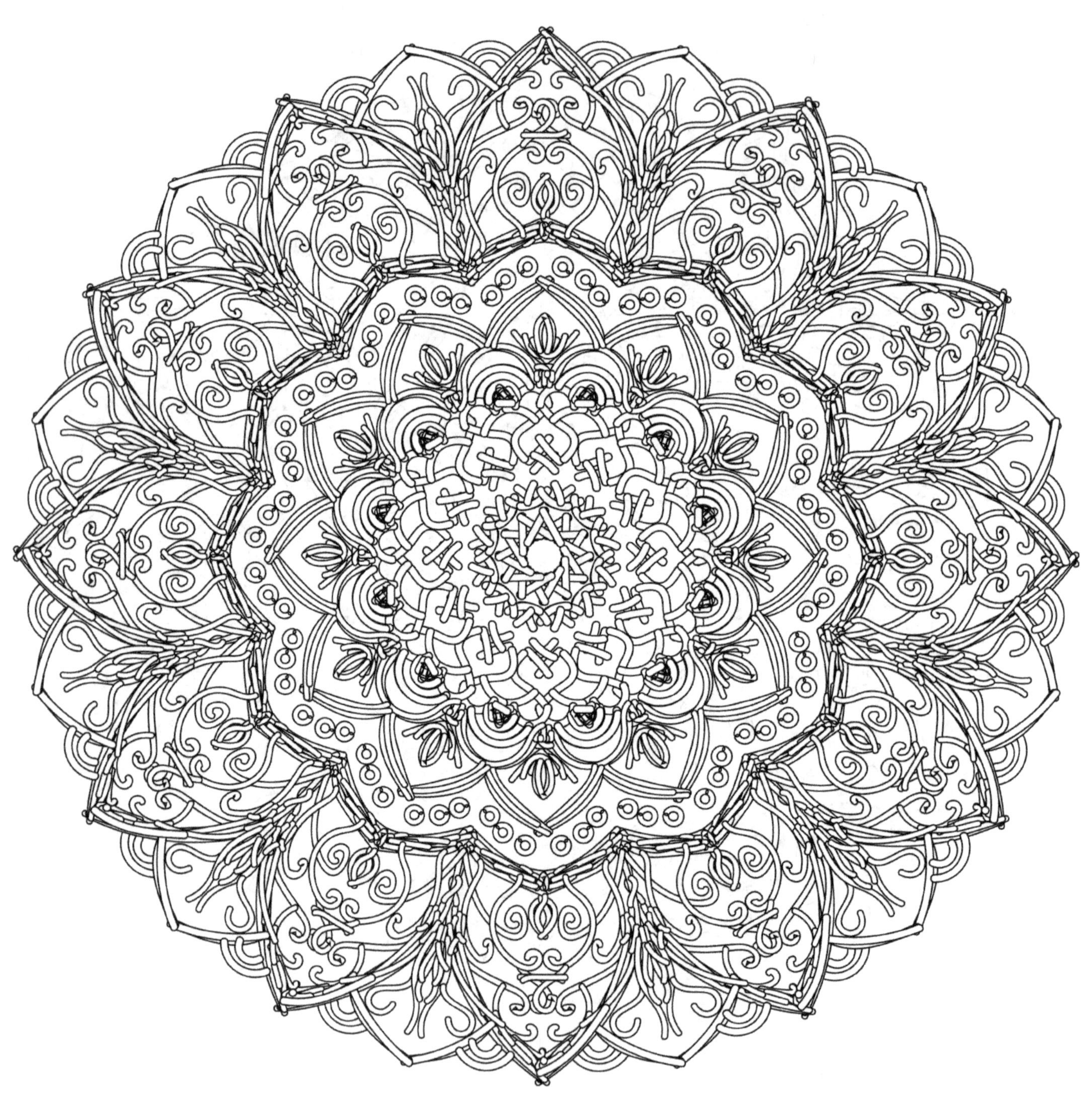

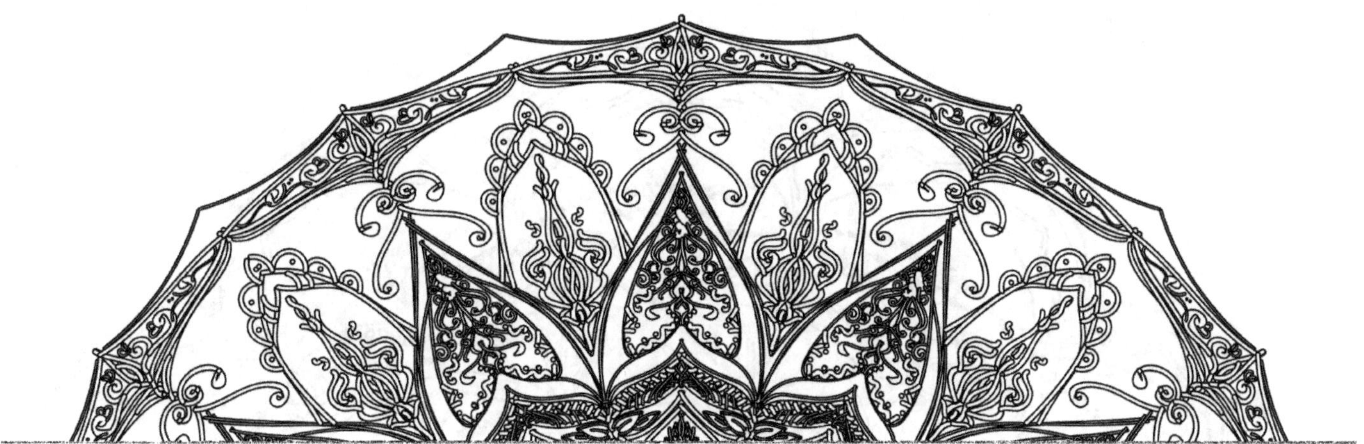

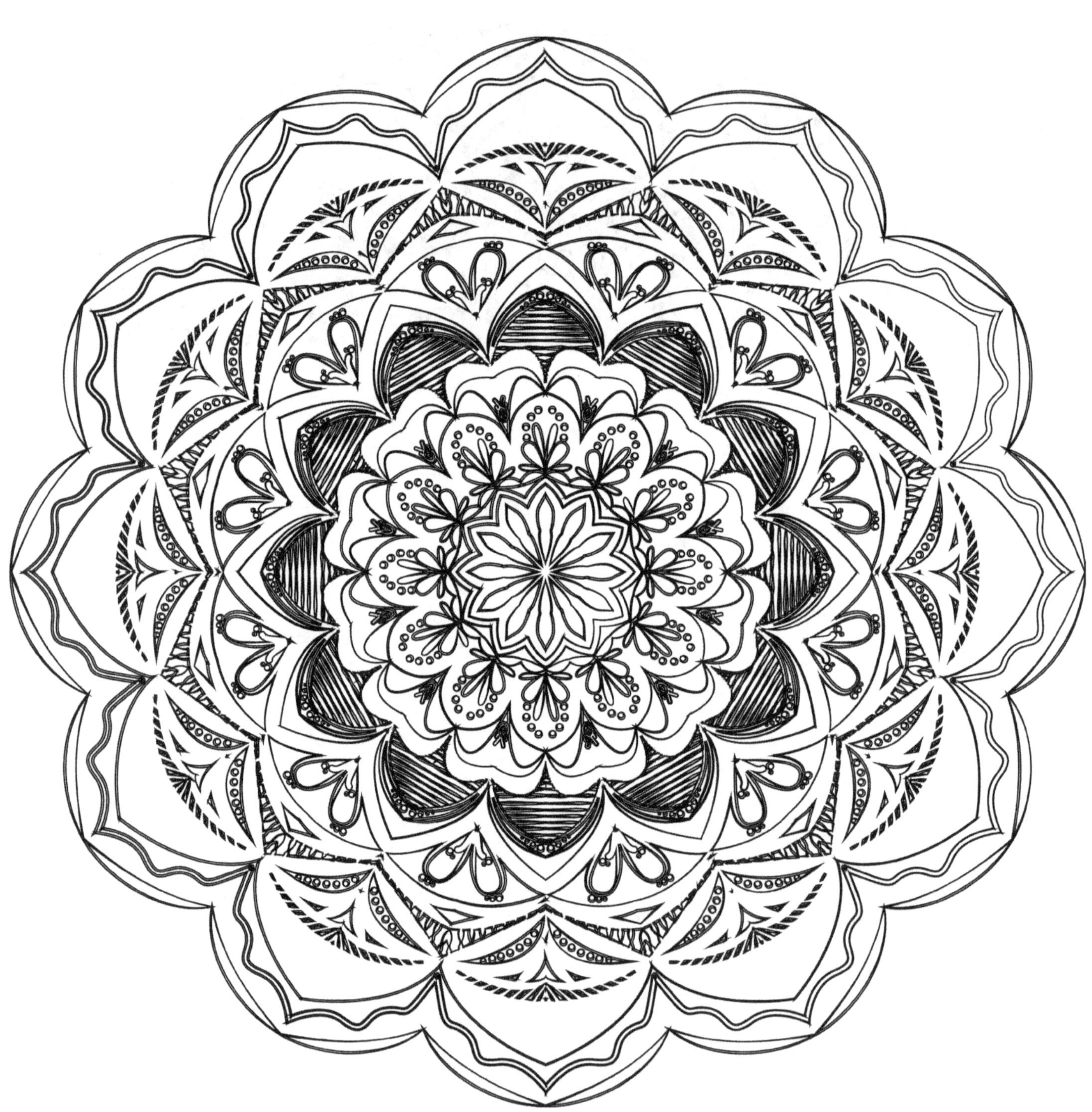

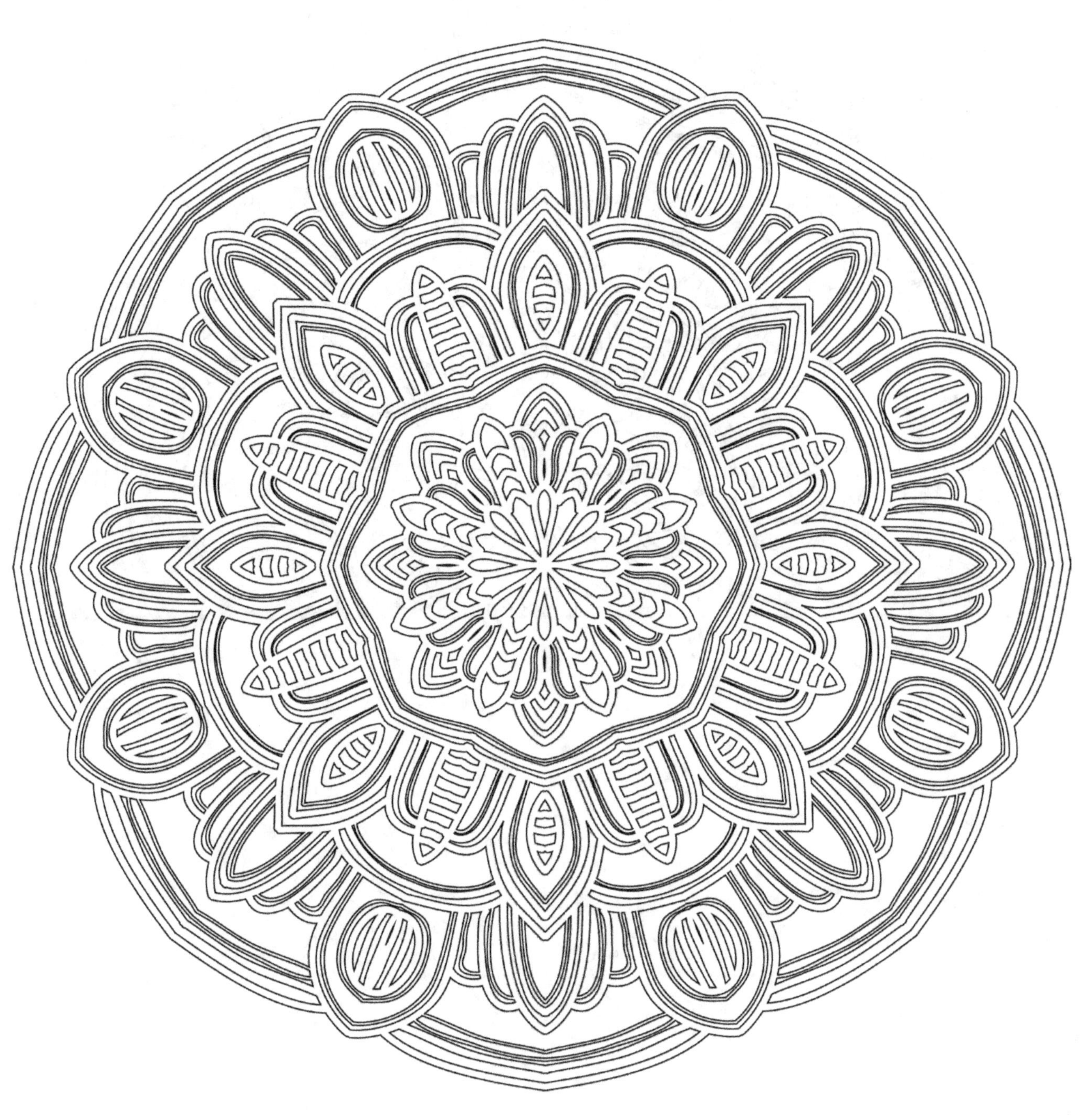

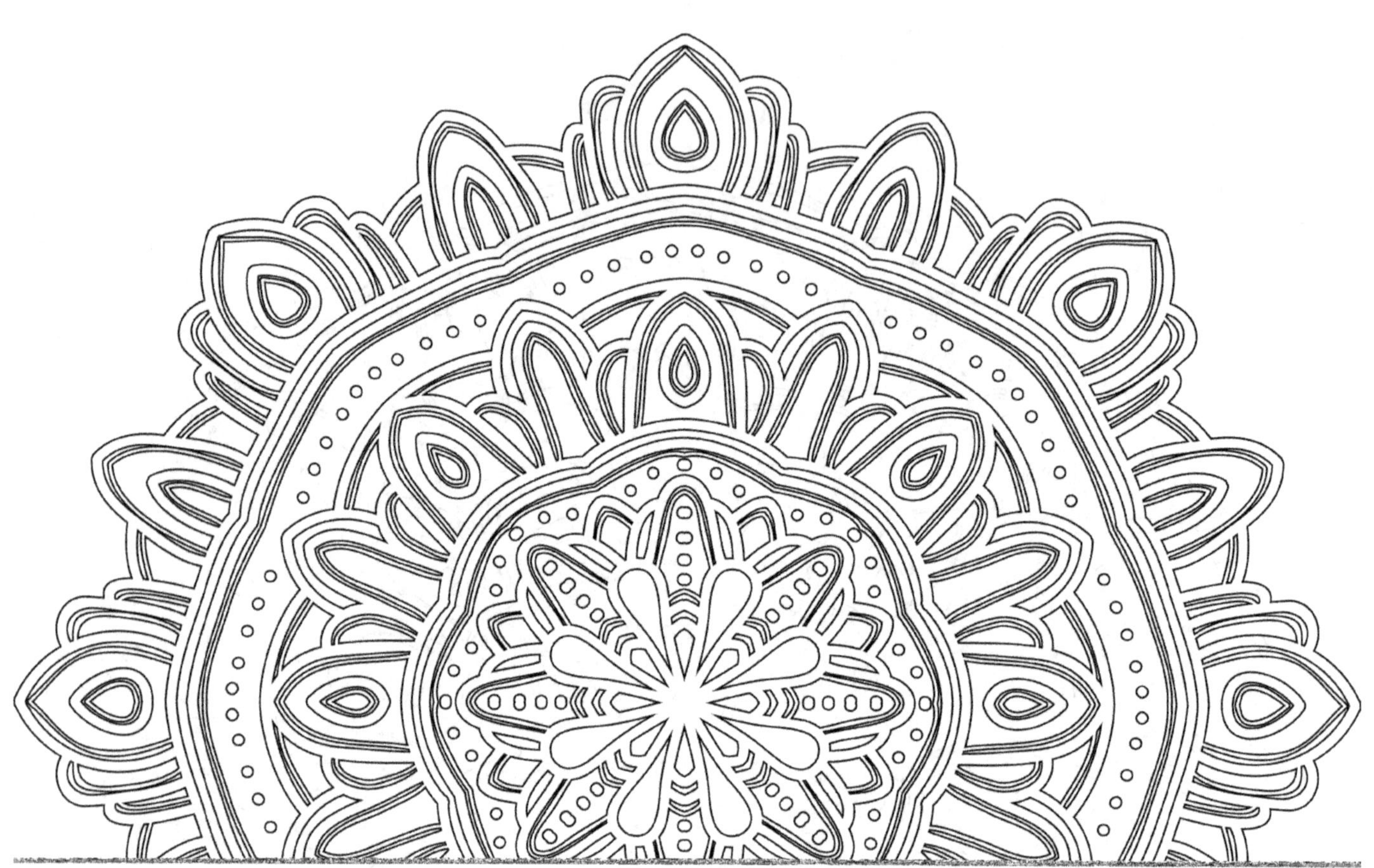

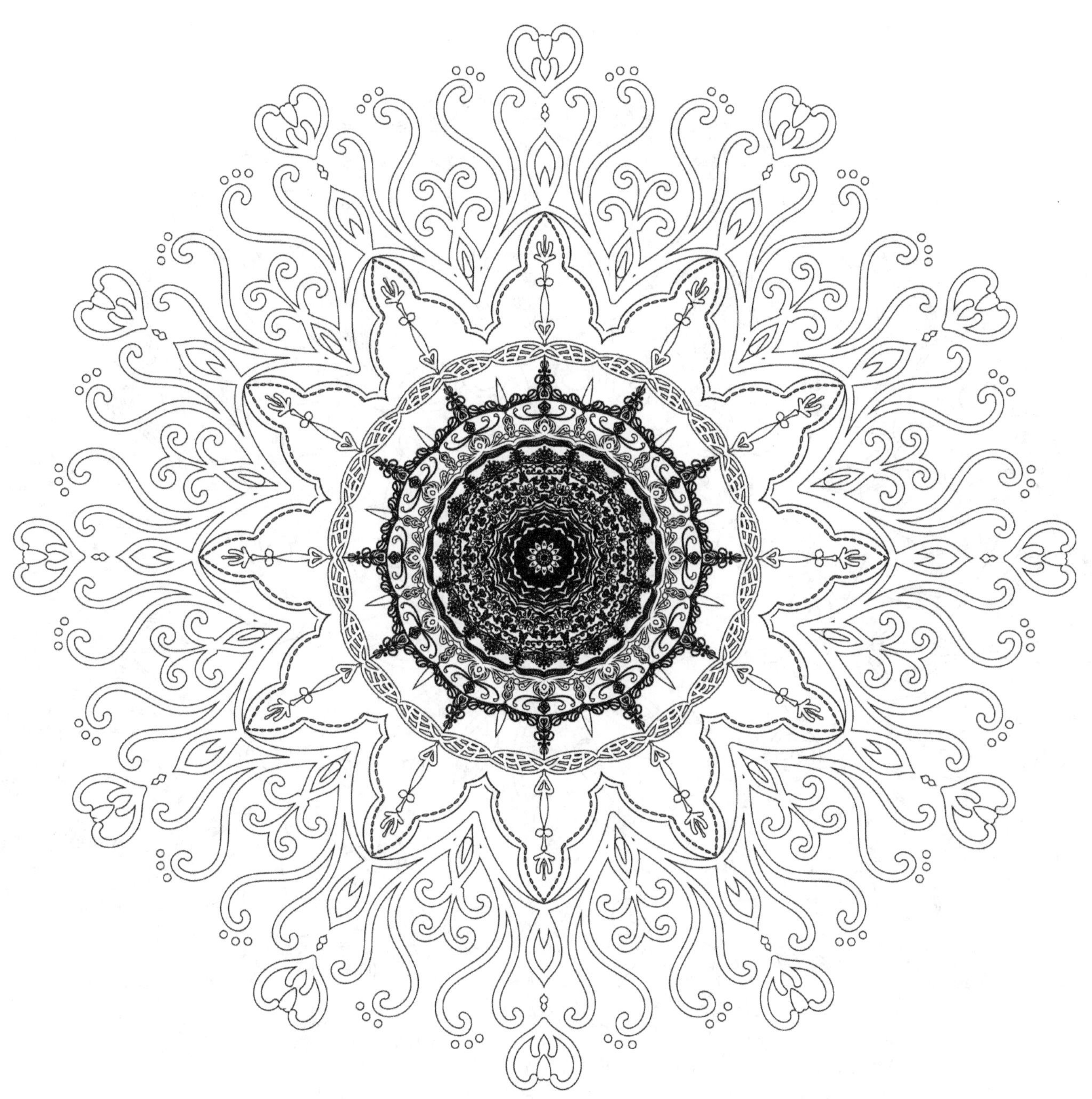

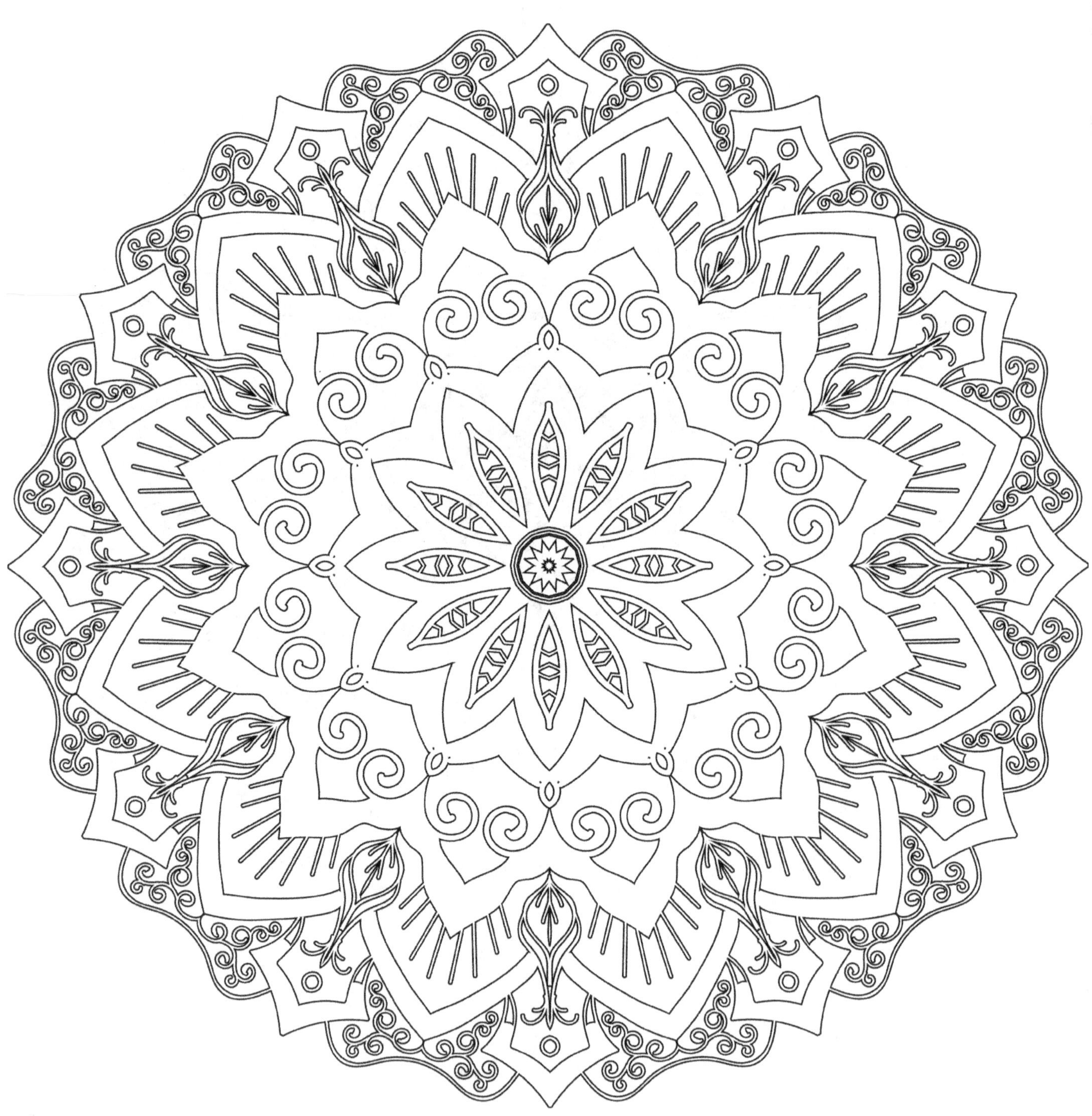

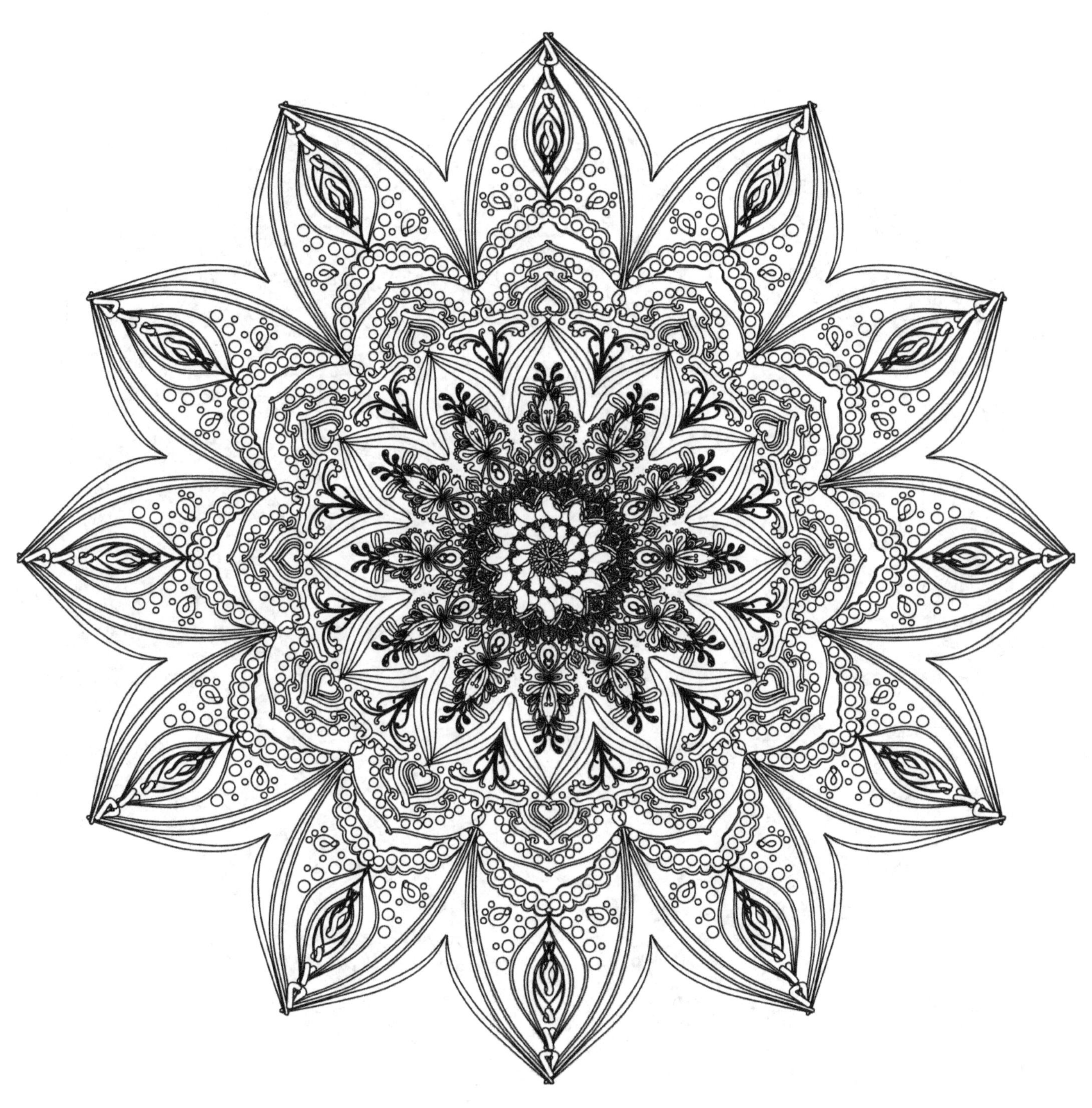

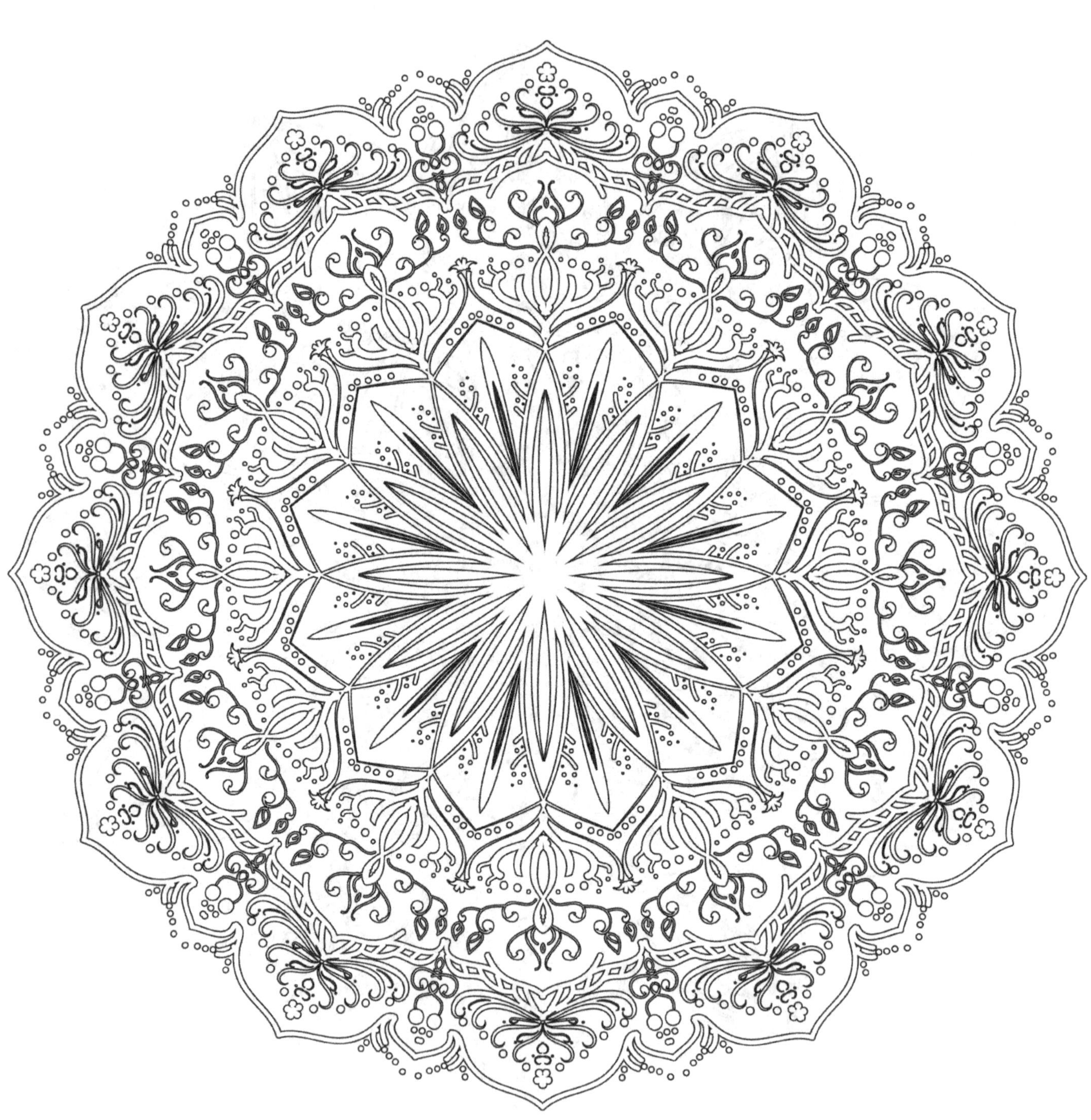